Hotel der Magier

Nicki Thornton erinnert sich an keine Zeit im Leben, in der sie nicht gelesen hat. Sie liebt Bücher und andere zum Lesen zu inspirieren. Sie arbeitete als Journalistin und führte dann zehn Jahre mit ihrem Mann, viel Herzblut und Leidenschaft einen unabhängigen Buchladen in Abingdon an der Themse. Und während sie dort mit Kindern über Lieblingsbücher plauderte, entstand langsam eine Idee. Was würde passieren, wenn Magier der Mittelpunkt einer Detektivgeschichte wären? Aus der Idee entstand ein Manuskript, mit dem Nicki Thornton den Schreibwettbewerb der Times und Chicken House UK gewann. »Hotel der Magier« wurde nicht nur zum Lieblingsbuch der Buchhändler*innen, sondern auch zum Bestseller.

Hotel der Magier

Nicki Thornton

Aus dem Englischen von Barbara König

Carlsen

Von Nicki Thornton außerdem im Carlsen Verlag erschienen:

Leuchtturm der Geister
Café der Lehrlinge

MIX
Papier aus verantwortungsvollen Quellen
FSC® C083411
FSC
www.fsc.org

Unser Versprechen für mehr Nachhaltigkeit
- Klimaneutrales Produkt
- Papiere aus nachhaltigen und kontrollierten Quellen
- Hergestellt in Europa

Veröffentlicht im Carlsen Verlag
Dezember 2021

Originaltitel: The Last Chance Hotel

Aus dem Englischen von Barbara König
Umschlag- und Innenillustration: Matt Saunders
Umschlaggestaltung: Steve Wells, Vivien Heinz
ISBN: 978-3-551-31987-6

Für meine Familie,
Mark, Alex und Tim

GÄSTEBUCH – HOTEL ZUR LETZTEN CHANCE

Zimmer 1 DR. TORPOR THALLOMIUS
VIP-Gast, reagiert allergisch auf Himbeeren

Zimmer 2 PROFESSORIN PENELOPE PAPPERSPUK
Möchte von Vogelgesang geweckt werden

Zimmer 3 GLORIA TROTTELBOHNE
Ein kleiner Schreibtisch für die Hausaufgaben, Zimmer neben Prof. Papperspuk

Zimmer 4 DARINDER DUNSTER-DUNSTABLE
Drei extra-weiche Kissen

Zimmer 5 ANGELIQUE SQUERR
Möchte einen Ganzkörperspiegel

Zimmer 6 GREGOR FISCHADLER
Will im Zimmer ein Bild von Leuten beim Sport

Zimmer 7 GRAF RUINO
Keine besonderen Wünsche

Teil Eins

1. Das Hotel zur letzten Chance

Normalerweise war das sanfte Blubbern eines einsamen Eis im Topf das lauteste Geräusch in der Küche des Hotels *Zur letzten Chance.*

Heute jedoch tobte hier das Leben oder vielmehr der glatzköpfige Chefkoch Henri Schimmel. Krumm vor Altersschwäche humpelte er durch die Küche und bellte Befehle.

»Seth, die Törtchen! Aus dem Ofen damit! Sofort!!«, brüllte er. Blitzschnell machte der Küchenjunge auf dem Absatz kehrt und raste auf seinen spindeldürren Beinen quer durch die Küche. Es duftete nach Braten und Knoblauchbutter; Mehlstaub, Kräuter und Gewürze erfüllten den Raum; Kochdampf stieg auf, Gelee stockte, und aus allen Töpfen brodelte es.

Zum ersten Mal in seinem Leben wünschte sich Seth, zaubern zu können. Denn nur mithilfe eines Zauberspruchs, der ihn dreiteilte, hätte er alles schaffen können, was ihm seine drei scheußlichen Chefs aufgetragen hatten – der verschrobene

Henri und die beiden Besitzer des Hotels, die bissig-boshafte Norrie Bunn und ihr schleimiger, geiziger Ehemann Horatio. Es schien so, als hätte sich das Hotel seit Ewigkeiten auf diese besonderen Gäste vorbereitet, die Horatio so ungeduldig erwartete. Heute war es nun so weit, heute war der Tag ihrer Ankunft.

»Ich brauche mehr Pfeffer. Mach schon, Junge!«, kreischte Norrie Bunn am Herd. Sie schwang ihren triefenden Kochlöffel Richtung Seth, und Soße flog wie ein pfeffriger Schweif im hohen Bogen durch die Küche. Das lange, struppige Haar hatte sie sich zurückgebunden, und ihr spitzes Gesicht schwitzte über der Soße, während sie versuchte, ein Niesen zu unterdrücken.

Wenigstens konnte Tiffany, die grässliche Tochter der Bunns, heute nicht ihrer Lieblingsbeschäftigung nachgehen – nämlich Seth zu quälen –, denn sie war weit weg in ihrer piekfeinen Kochschule.

Aufgeregt wie ein kleines Kind an Weihnachten kam Mr Bunn in die Küche gestürzt und kreischte: »Sie sind da! Sie sind da!!« Und schon stürmte er wieder raus ins Foyer. Er trug nicht seinen typischen grauen Anzug, sondern eine kirschrote Weste und eine gestreifte Hose.

Norrie Bunn zog schnell die Schürze aus, fuhr sich über das Haar und eilte ebenfalls hinaus ins Foyer, um die Gäste zu empfangen.

Seth war als Erster am Loch in der Küchenwand, durch das man die ankommenden Gäste sehen konnte. Zunächst hörte er aber nur das Klimpern von Schlüsseln und wie Mr und Mrs

Bunn sich beim Begrüßen der Gäste von ihrer besten Seite zeigten. Henri sprang ungewöhnlich lebhaft durch die Küche, puffte Seth mit seinem spitzen Ellbogen zur Seite und spähte durch das Loch. »Das soll unser VIP-Gast, Dr. Thallomius, sein? Für den mussten wir uns so abrackern? Den hab ich mir aber beeindruckender vorgestellt. Und außerdem«, stöhnte Henri und streichelte sich über seine Wampe, »bekomme ich Blähungen von dieser ganzen Schufterei.«

Auch Seth war überrascht, dass ihr VIP-Gast aussah wie ein kleiner Weihnachtsmann. Dr. Thallomius hatte weiße Haare, einen Kugelbauch und ein verschmitztes Augenzwinkern, und er reichte Seth höchstens bis zur Schulter.

»Und der Typ neben ihm – was für ein eitler Pfau.« Henri spionierte immer noch. »Das ist wohl der Personenschutz, auf den er bestanden hat. ›Schutz‹ – dass ich nicht lache! Ein Huhn könnte das besser als der da! Was für ein lächerlicher Schnurrbart!«

»Das ist bestimmt Mr Gregor Fischadler.« Seth erhaschte einen Blick auf den jungen Mann im leuchtgrünen, engen Anzug mit ordentlich frisiertem Haar und sehr großem, üppigem Schnurrbart samt vereinzelten Sommersprossen auf der Nase. »Er wollte unbedingt ein Zimmer, in dem ein Bild hängt von Leuten, die Sport treiben.«

Alle Gäste hatten besondere Wünsche, aber dass jemand pingelig war, was die künstlerische Ausstattung anging, war neu. Was für faszinierende Gäste! Seth hatte noch nie so viele auf einmal erlebt. Wahrscheinlich, weil das Hotel so abgelegen war und die Welt um sie herum nur aus Bäumen bestand. Seth konnte sich noch vage an die Zeit erinnern, als das Hotel *Zur letzten Chance* immer ausgebucht und sein Vater Chefkoch gewesen war. Damals reisten die Leute von nah und fern an, um in den Genuss seiner Kochkünste zu kommen.

Wenn Mr Bunn ihn doch nur rufen würde, um mit dem Gepäck zu helfen. Dann könnte er sich die Gäste endlich näher anschauen.

»Jetzt verstehe ich, warum Miss Squerr die Assistentin von Thallomius ist«, knurrte Henri und drehte sich kurz um, sodass Seth noch mal durch das Loch spähen konnte.

Als würde sie vor einem riesigen Publikum auftreten, betrat Angelique Squerr hocherhobenen Hauptes das Foyer. Bis auf eine rote Strähne war ihr Haar lang, schwarz und glatt. Es glänzte wie gewienert. Vielleicht war sie ein Filmstar? Ihr Auftritt unter dem funkelnden Kronleuchter ließ die gut polierten Holzmöbel und die Bilder in ihren alten Rahmen verblasst und abgenutzt erscheinen.

»An die Arbeit, Seth«, schnauzte Henri und griff nach einem Messer, um Gemüse zu schneiden. »Sonst stapelt sich der Abwasch gleich bis zur Decke.«

Doch bevor Seth loslegen konnte, schrie Henri auf, und sein Messer fiel mit großem Geklapper auf die Küchenfliesen.

Ein Insekt flog an Seths Nase vorbei und knallte gegen das Küchenfenster, während sich Henri ängstlich duckte.

»Das ist doch nur ein Käfer, Henri«, sagte Seth beruhigend und versuchte dem kleinen Geschöpf aus dem gekippten Fenster zu helfen. Es sah aus, als wäre es aus Feuer mit einem glühend phosphoreszierenden Schwanz.

»Das ist aber nicht irgendein Käfer«, sagte Henri mit großen Augen. »Das ist ein *Luciole*. Weißt du nicht, was das bedeutet?«

»Das bedeutet, es ist ein Leuchtkäfer. Muss sich auf dem Weg zur Glühwürmchen-Lichtung verirrt haben. Wunderschön, guck mal. Er sieht magisch aus, findest du nicht?«

»Aber er ist hier drinnen!«, zischte Henri und wischte sich den Schweiß von der Oberlippe. »Wenn in meinem Land ein Leuchtkäfer durchs Fenster hereinfliegt, bedeutet das ... es bedeutet den Tod.« Henri packte seinen Arm. »Seth, jemand wird sterben!«

2. Fischkoppsuppe

Seth befreite sich aus Henris hartem Griff. »Das ist nichts als ein Märchen, Henri. Mach dir keine Sorgen, niemand wird sterben.«

Er half dem Leuchtkäfer in die Freiheit, trotzdem schnappte sich Henri sein Schnitzmesser und hastete panisch davon. Damit blieb es an Seth hängen, das Gemüse für das große Abendessen vorzubereiten.

Wenn Henri gestresst war, schnitzte er. Giraffen aus Pastinaken oder niedliche Fuchswelpen aus Holz waren Seth wohlbekannt. Aber warum musste das ausgerechnet immer dann passieren, wenn Henri sich eigentlich um Gemüse oder Hühnchen oder Rindernieren-Pastete kümmern sollte?

Seth huschte an dem riesigen Kochtopf vorbei, in dem die Brühe für die Spezialität des Hauses vor sich hin köchelte: Fischkoppsuppe. Die fleischigen Fischköpfe hatte er schon vorbereitet, sie lagen neben dem Topf und starrten ihn mit ihren großen Augen an, als wollten sie sagen: Und du denkst, du hast Probleme.

Plötzlich blieb Seth stehen. Seine Nase nahm das Aroma von Brühe und Gewürzen auf und wollte ihm etwas Wichtiges sagen: Mit der Brühe stimmte etwas nicht. Und seine Nase irrte sich nie.

Seth ließ einen Fischkopf für Nachtschatten, die Hotelkatze, mitgehen. Er steckte ihn vorsichtig in eine der vielen Taschen seines leuchtblauen Kittels, über den er eine Schürze gebunden hatte. Er war zwar etwas grell, aber dieser Kittel war das Einzige, was ihm von seinem Vater geblieben war. Der Kittel und ein seltsamer Spiegel, der manchmal sogar Dinge zeigte, die ganz woanders stattfanden.

Seth nahm einen winzigen Löffel, tauchte ihn in die Brühe und kostete. Die Suppe war wundervoll und wärmend, und sie weckte die Erinnerungen an seinen Vater, die immer mehr zu verblassen drohten.

Auch beim Duft von Zimt und anderen Gewürzen dachte Seth an ihn und an alles, was er von ihm gelernt hatte: wie sie Seite an Seite Brot gebacken und Suppe gekocht hatten. Die Liebe seines Vaters war inzwischen nur noch ein Leuchten in ihm, und trotzdem war das mehr, als ihm von seiner Mutter geblieben war. Jedes Mal, wenn er an sie dachte, zog sich alles in ihm vor Traurigkeit zusammen. Sie war bei seiner Geburt gestorben, er hatte keine Erinnerungen an sie.

Seth griff hoch in das Regal voller Fläschchen und Tiegel in jeglicher Form, Größe und Farbe, nahm das Gläschen mit der getrockneten Schafgarbe und streute eine Prise davon in die Brühe. Mr Bunn erinnerte ihn unablässig daran, dass sein Vater in Ungnade gefallen war. Aber den Grund verschwieg er.

Das Rezept für die Fischkoppsuppe stammte jedenfalls von seinem Vater. Und für diese wichtigen Gäste wollte Seth sich ins Zeug legen. Die Suppe musste ganz genau so schmecken, wie sie schmecken sollte. Chefkoch Henri Schimmel sparte immer an den Zutaten, deshalb gelang ihm die Spezialität des Hauses nie wirklich. Mit einem verstohlenen Blick über die Schulter griff Seth nach dem Safran-Glas. Er hatte dabei Mr Bunns ewige Mahnung im Ohr: »Sei äußerst sparsam damit. Ein Gramm Safran kostet mehr als ein Gramm Gold.«

Seth nahm vier feine Fäden zwischen die Finger, schaute noch mal ängstlich über die Schulter und streute sie in die Brühe. Er lächelte, als die Suppe eine satte, goldene Farbe annahm.

»Sieh einer an, der Seppi. Dafür wirst du so was von bezahlen.«

Seth zuckte zusammen und ließ fast das Glas fallen. Die verhasste Stimme war unverkennbar; und niemals hätte er gedacht, sie ausgerechnet heute zu hören.

Tiffany Bunn, die abscheuliche Tochter der Hotelbesitzer, lehnte selbstgefällig im Türrahmen.

3. Es könnte eine Nachspeise sein

Seth Seppi, der Topfschrubber. Unfähigster Küchenjunge der Welt. Noch immer hier, wie ich sehe?« Tiffanys Stimme triefte vor Verachtung.

»Tiffany!«, stotterte Seth. Er versuchte sich locker zu geben und ganz unauffällig das Safran-Glas hinter seinem Rücken zu verstecken. »Du bist aber früh zurück. Alles in Ordnung in der Schule?«

Tiffany Bunn lümmelte sich jetzt an einen Küchenschrank und neigte kokett den Kopf: »Oh, du hast mich vermisst. Dad hat mich zurück an diesen elenden Ort am Ende der Welt zitiert. Wenn er gestresst ist, nervt er total. Er glaubt, ich werde hier helfen. Aber mir war nicht bewusst, dass auch du dich nach mir verzehrst, Süßer.« Sie warf ihr herrliches langes blondes Haar zurück, das Haar eines Engels.

»Ich muss jetzt wirklich –«

»Oh, keine Zeit für ein Pläuschchen? Und ich habe mich nach

all dem *Rühr dies* und *Brat das* so nach dir gesehnt.« Sie rückte so nah an Seth heran, dass ihre hohe Stirn fast seine Schulter berührte. »In der Kochschule habe ich etwas sehr Wichtiges gelernt: Es gibt auf der ganzen Welt nichts Langweiligeres als Kochen.«

Seths sehnlichster Wunsch war es, mithilfe seiner Kochkünste eines Tages hier wegzukommen. Er wollte so gut kochen können, dass die Menschen jeden Weg auf sich nahmen. Genau wie sein Vater. Immer, wenn Henri schnitzte, nutzte Seth die Gelegenheit und experimentierte mit neuen Rezepten. Trotzdem gab es Momente, in denen er sich nicht mal im Traum vorstellen konnte, woanders zu leben.

»Weißt du, warum es doch erträglich ist, in diesen Saftladen zurückzukehren? Warum ich mich sogar darauf gefreut habe?«, flüsterte Tiffany.

Seth packte das Safran-Glas noch fester, als sie ihm so dicht auf die Pelle rückte, dass er nicht nur ihren Atem an seinem Hals spüren konnte, sondern auch die lange Reise auf ihrer Haut riechen. Eine Mischung aus dreckigem Zug mit einem Hauch süßem Kakao und einer Prise Schinkenbrot.

»Dich zu sehen, mein kleiner Topfschrubber. Noch immer bis zu den Ellbogen in Kartoffelschalen und Abwasch? Manche Dinge ändern sich nie.« Mit ihren blauen Augen warf sie ihm einen hypnotischen Blick zu. Ihre Haut war so rein, ihr Lächeln so bezaubernd, dass man leicht verdrängte, wie gefährlich Tiffany eigentlich sein konnte. Sie verbarg eine Intelligenz, die absolut tödlich war. »Ich komme so gerne hierher zurück, weil es mir einen Riesenspaß macht, dich in Schwierigkeiten zu bringen.« Sie schoss nach vorne, zog seinen Arm hinter seinem Rücken hervor und entwand ihm grob das Safran-Glas.

»Und du machst es mir nicht mal schwer«, schnurrte sie. »Aus der Küche geklaut?« Sie legte eine Hand auf ihre glatte Wange und ein niederträchtiges Lächeln verzerrte ihr hübsches Gesicht. »Na, wie sollen wir jetzt bloß damit umgehen?«

»Tiffany. Ich kann –«

»Schade, dass ich das nicht von deinem Gehalt abziehen kann. Denn du bekommst ja keins. Wir müssen für dein Essen bezahlen, weil dein elender, nichtsnutziger Vater sich aus dem Staub gemacht hat und dazu noch wertvolles Eigentum meines Vaters hat mitgehen lassen.«

Seth hasste es, dass ihre Worte ihm so unter die Haut gingen. Aber er war hier gefangen. Er konnte nirgendwohin, hatte keine Freunde, keine Verwandten. Manchmal hatte er das Gefühl, er müsste für immer hierbleiben.

»Mein armer Daddy hat ja die wahnwitzige Vorstellung, ich würde mich an dieser öden Schule für Kochbücher und stickige Öfen interessieren. Ob es meinen Eltern egal ist, dass sie mein Leben zerstören?« Sie zog ein gefaltetes Stück Papier aus der Tasche, schob es Seth in die Hand und tippte ihm mit dem Mittelfinger an die Stirn. »Na, wenigstens du wirst meinen Vater nicht enttäuschen wollen.«

»Was ist das?«, fragte Seth.

»Es nennt sich Himbeer-Pavlova«, sagte Tiffany und schaute prüfend auf ihre sorgfältig lackierten Fingernägel.

Mr Bunn liebte es, seine Tochter mit komplizierten Rezepten herauszufordern. Dann gab er damit an, wie fantastisch sie kochen konnte und wie viel sie auf ihrer piekfeinen Schule lernte. Aber jedes Mal wälzte sie die ganze Arbeit auf Seth ab.

Er klemmte sich das Stück Papier hinters Ohr. »Klar, schau ich mir nachher an.« In weniger als drei Stunden war das große Abendessen. Er schob ein paar Törtchen zum Abkühlen auf ein Gestell. »Wann brauchst du's? Wir haben hier gerade ganz schön was zu tun, weißt du?«

Tiffany hob die Hände und trat einen Schritt zurück. »Oooh, Entschuldigung.« Dann beugte sie sich vor und riss das Stück Papier hinter seinem Ohr hervor. »*Klar, schau ich mir nachher an*«, äffte sie ihn nach. »Wie wäre es mit jetzt?«

»Wann brauchst du es denn?«

Tiffanys Antwort wurde fast vom Brutzeln und Zischen der Kartoffeln, die Seth in den Ofen legte, übertönt.

»Für das Abendessen nachher natürlich. Es könnte eine Nachspeise sein.«

Seth hielt inne und starrte sie an.

»Oh, *ich* kann das auf keinen Fall«, sagte sie. »Aber hoffen wir mal, dass *du* es kannst. Sonst muss ich meinem Vater von dem Safran erzählen. Und dem Fischkopf. Denk nicht, ich habe das nicht gesehen. Fischköpfe naschen, Seppi, tsss.« Sie schüttelte den Kopf. »Macht man nicht. Oder ist der für die räudige Katze, die du so gernhast?«

Seth holte tief Luft. Wie immer schaffte es Tiffany innerhalb von Sekunden, ihn so wütend zu machen, dass er ihr am liebsten mit der Faust in ihre perfekten Zähne geschlagen hätte. Er schluckte die Wut runter und lächelte.

»Ich habe den Safran in die Suppe getan, damit sie so schmeckt, wie sie schmecken soll. Das hat nichts mit Stehlen zu tun. Schließlich will dein Vater die Gäste heute Abend beeindrucken.«

Tiffany griff sich ein paar Törtchen. »Und wenn du nicht aufpasst, wird man dich auch noch für die fehlenden Törtchen verantwortlich machen. Außer natürlich, du hilfst mir mit der – wie heißt es noch mal?«

»Pavlova?«

»Genau. Und wenn es dir gelingt, die beste Pavlova der Welt zu machen, dann kann ich vielleicht vergessen, was ich gesehen habe.«

Seth zögerte, Tiffany lächelte böse, und beide wussten, er hatte keine Wahl. »Vielleicht schaffe ich es – wenn du die Kerzenleuchter polierst und den Tisch deckst.«

Tiffany antwortete mit einem bellenden Gelächter – Seth hasste nichts so sehr wie dieses Geräusch.

»Wir wissen beide, Topfschrubber, dass es dazu nicht kommen wird.« Sie schmiss ein Stück Törtchen in die Luft und fing es mit dem Mund auf. »Du hast ja einiges zu tun, deswegen gebe ich dir einen guten Rat: nicht rumstehen und labern, sondern loslegen.«

4. Dr. Thalomius höchstpersönlich

Mr Bunn rief nach Seth: »Die Gäste sind da, Seth. Das Gepäck! Schnell! Beweg dich!«

Seth eilte hinaus ins Foyer. Das Funkeln der Kristallleuchter auf der dunklen Holzvertäfelung wirkte festlich und einladend. Seth konnte es sich gerade noch verkneifen, über den Fußboden zu schlittern, den er bis heute Morgen um fünf Uhr gebohnert hatte. Fast wäre er mit einem ungewöhnlich aussehenden Jungen in seinem Alter zusammengestoßen.

Der Junge trug einen engen Samtanzug; sein breites Grinsen und die riesigen spitzen Ohren schienen ausgleichen zu wollen, dass er ansonsten ziemlich klein geraten war.

»Immer mit der Ruhe«, sagte er, warf die Arme hoch und drehte sich auf überraschend kurzen Beinen um die eigene Achse, als wäre Seth tatsächlich in ihn reingedonnert. Dann lächelte er schelmisch und zwinkerte Seth zu: »Nichts passiert.«

»Pass doch auf, Seth!«, schimpfte Mr Bunn und schnipste mit

dem Finger. »Master Darinder Dunster-Dunstable braucht Hilfe mit seinem Gepäck, nicht, um zum Mond zu fliegen. Und frag Graf Ruino, ob er auch etwas braucht.«

Seth beugte sich vor, um die beiden riesigen Taschen aufzuheben. Dabei beäugte er die dunkle Gestalt, die neben Darinder aufragte. Der Graf war von Kopf bis Fuß in einen schwarzen Kapuzenmantel gehüllt, der nach einer langen Reise von einem kalten Ort her roch.

Jetzt warf er seine Kapuze zurück und entblößte einen dunklen Glatzkopf mit einer Haut, so runzlig wie eine Rosine. Eine ungeheuerliche Narbe verlief von seiner Knollennase bis zum Mundwinkel, als würde er unaufhörlich höhnisch grinsen. Genauso guckte Tiffany auch immer, nur ohne Narbe. Seth erschrak und trat einen kleinen Schritt zurück.

»Falls du mich brauchst, junger Mann – ich bin in Zimmer sieben«, sagte der Graf fröhlich zu Darinder und machte sich auf den Weg zur Treppe. Er lächelte und man sah seine schwarzen Zähne und einige Zahnlücken. Als er die Treppe hochging, musste er sich ducken, um nicht mit dem Kopf anzustoßen. »Ich kann es ja kaum glauben, dass er hier ist, der alte Torpor Thallomius höchstpersönlich. Da werden wir uns ja jede Menge zu erzählen haben. Zimmer eins, sagten Sie?«

»Dr. Thallomius höchstpersönlich ist hier?«, wiederholte der Junge mit weit aufgerissenen Augen. »Wirklich?«

Knarrend schwang die schwere hölzerne Eingangstür nach innen und kündigte den nächsten Gast an.

In eine Wolke aus tropischem Parfüm gehüllt, schritt eine

stattliche Frau ins Foyer. Ihr wallendes Kleid, das einem Zelt sehr ähnlich war, vereinte alle Farben des Regenbogens. Sie nahm ziemlich viel Platz ein – mit ihrer blonden, hochgetürmten Frisur, die ebenfalls von bunten Strähnchen durchzogen war, streifte sie sogar fast die niedrige Decke des Hotels.

»Professorin Papperspuk, ich heiße Sie willkommen.« Mr Bunn verbeugte sich so tief, dass seine Nase fast den Teppich berührte. Seth konnte sehen, wie sehr seine Hose hinten spannte. »Wir fühlen uns geehrt, einen so renommierten Gast empfangen zu dürfen.«

Hinter den voluminösen Röcken der Professorin tauchte ein kleines Mädchen auf. Sie war etwa neun Jahre alt und in ihrem geraden schwarzen Rock und der steifen weißen Bluse sah sie aus, als würde sie direkt aus der Schule kommen.

Professorin Papperspuk scheuchte sie hervor und schob sie vor sich: »Gloria Trottelbohne, Tochter meiner ältesten Freunde. Ich bin schon immer stolz auf meine Verbindung zu den großartigen und glorreichen Trottelbohnes gewesen«, sagte sie mit einem hochmütigen, kühlen Lächeln.

Gloria sah aus wie die schwarz-weiße Version ihrer bunten Begleiterin. Pechschwarze Haare umrahmten ein Gesicht wie vergorene Milch. Sie nickte noch nicht einmal zur Begrüßung, sondern blickte nur zornig auf die verblichenen roten Kreise auf dem abgenutzten Teppich. Nur einmal schaute sie kurz hoch und blinzelte mit ihren seltsamen farblosen Augen. Darinder Dunster-Dunstable hüpfte den Neuankömmlingen auf seinen kleinen kurzen Beinen entgegen. Er war nur einen Kopf größer als Gloria. Mit überraschend großen Fingern griff er erst nach Glorias und dann nach Professorin Papperspuks Hand. Sie erinnerten Seth an Hähnchenkeulen.

»Dunster-Dunstable – wo habe ich diesen Namen schon mal gehört?«, fragte die Professorin und tippte sich nachdenklich ans Kinn.

»Vielleicht sagt Ihnen *Der Große Gandolfini* etwas? Mein Künstlername.« Sein Versuch, bescheiden zu klingen, scheiterte kläglich.

»Der begabte junge Zauberkünstler? Das bist du? Ja? Unglaublich! Ich will mit Gloria schon lange mal in deine Vorstellung gehen.«

Darinder verbeugte sich. »Lassen Sie mich wissen, wenn es so weit ist. Dann wird es mir ein Vergnügen sein, Ihnen die besten Plätze im Haus zu besorgen.«

Mr Bunn räusperte sich. »Liebe Frau Professorin, bestimmt tut Ihnen eine kleine Erfrischung nach der Reise gut.« Wieder schnippte er mit dem Finger Richtung Seth, der sich noch mit dem Gepäck von Darinder Dunster-Dunstable abmühte. »Und Hilfe mit Ihrem Gepäck.«

Dann verschwand Mr Bunn durch die Küchentür und überließ es Seth, die Gäste nach oben zu bringen. Am Tiger-Porträt vorbei gingen sie die gewundene, unebene Treppe hoch, bis sie den ersten Treppenabsatz und das Bildnis der Dame mit dem irren Hut voller Früchte erreicht hatten.

Während Seth mit den Zimmerschlüsseln herumhantierte, wandte sich Dunster-Dunstable an Professorin Papperspuk.

»Haben Sie schon gehört? Dr. Thallomius ist hier. Wir werden dem großen Mann höchstpersönlich unsere Kunst vorführen.«

Sein Gesicht verzog sich vor Aufregung, aber Professorin Papperspuk wurde blass, und ihre grelle Kleidung schien in Wallung zu geraten.

»Dr. Thallomius ist hier?« Sie verschränkte die Arme vor der Brust. »Dann werde ich ihm mal die Meinung geigen. Den ältesten und edelsten Familien so eine lächerliche Prozedur zuzumuten! Eine Schande ist das!«

Während Seth Darinders Gepäck in dessen Zimmer abstellte, dachte er über ihre Worte nach. Was meinte Professorin Papperspuk mit »Prozedur«? Bestimmt hatte es irgendetwas damit zu tun, dass sie Dr. Thallomius ihre »Kunst« vorführen sollten, was immer damit gemeint war.

Aber Papperspuks Entsetzen ließ Dunster-Dunstables Grinsen nur noch breiter werden. Er rieb sich die Hände: »Dieser Abend wird ja noch lustiger, als ich zu hoffen gewagt habe.«

5. Die letzte dicke Himbeere

Als die Neuankömmlinge alle versorgt waren, ging es für Seth unten in der Küche gleich weiter. Er schlug die Sahne für die Himbeer-Pavlova und konnte kaum glauben, dass so wichtige Gäste bald etwas essen würden, das ganz alleine *er* gemacht hatte – selbst wenn Tiffany das Lob dafür einheimsen würde.

Als er die letzte dicke Himbeere auf der Baiser-Creme platzierte, wusste er, dass die Nachspeise absolut überwältigend geworden war.

»Du totaler Idiot«, hörte er eine Stimme hinter sich. Immer wieder schaffte sie es, sich an ihn heranzuschleichen. Er hasste das.

»Du hast Himbeeren genommen, du Schwachkopf.«

»Eine ziemlich wichtige Zutat in einer Himbeer-Pavlova.«

»Nicht, wenn der VIP-Typ, dieser Thallomius, allergisch dagegen ist. Du dämliche Dumpfbacke. Du bist tatsächlich noch nichtsnutziger als dein nichtsnutziger Vater. Ich habe gesagt, *Erdbeer*-Pavlova. Willst du mich vor der ganzen Welt blamieren?«

Hatte Tiffany ihn absichtlich an der Nase herumgeführt? Schließlich fand sie nichts lustiger, als ihn zappeln zu lassen. Aber es hatte keinen Sinn, mit ihr zu streiten. Viel wichtiger war es, dass ihr Gast eine Nachspeise bekam, gegen die er nicht allergisch war.

Seth ärgerte sich über sich selbst. Es war ihm immer eingetrichtert worden, dass man die Vorlieben seiner Gäste zu kennen hatte. Er hätte wissen müssen, dass Dr. Thallomius allergisch gegen Himbeeren war. Und dass Tiffany es auf ihn abgesehen hatte. Er kochte vor Wut.

»Wäre nicht so gut, Seppi, wenn einer unserer Gäste sterben würde. Besonders, wenn es meine Schuld wäre«, schrie Tiffany ihm ins Ohr. Sie machte einen plötzlichen Satz, und Seth hatte Angst, dass sie sein wunderbares Werk nehmen und auf den Boden schmeißen würde. Oder noch schlimmer, ihm mitten ins Gesicht. Er riss die Pavlova an sich, dass die Schlagsahne nur so wabbelte, und hielt sie schützend in seinen Armen.

»Na, wenigstens habe *ich* nicht Jahre auf einer Kochschule verbracht, ohne zu wissen, was eine Pavlova ist«, entfuhr es ihm.

Tiffany starrte ihn mit zusammengekniffenen Augen wütend und bösartig an. Seth holte tief Luft. Noch nie hatte er ihr widersprochen.

Angespannt wartete er auf den nächsten Peitschenhieb, doch dann veränderte sich die Stimmung.

»Ich mache etwas anderes für Dr. Thallomius«, stammelte er schnell, bevor sie das Wort ergreifen konnte. »Etwas nur für ihn. Etwas ganz Besonderes«, versprach er, stellte die Pavlova vorsichtig in den Kühlschrank und machte schnell die Tür wieder zu, bevor Tiffany sie zwischen ihre zarten, fiesen, schneeweißen Finger bekommen konnte.

»Du wirst etwas Außergewöhnliches machen«, sagte sie.

Das Klingeln einer Glocke ließ beide aufschauen. Über der Küchentür hing eine ganze Reihe altmodischer Glocken, die jeweils mit einem Gästezimmer verbunden waren. Klingelte es, dann verlangte jemand den Zimmerservice.

Zimmer sechs. Gregor Fischadler hatte ein Anliegen.

Seth nickte, die Augen auf die schwingende Glocke geheftet, und hätte am liebsten die Flucht ergriffen.

Tiffany ließ die Glocke noch einmal klingeln, während sie am Kühlschrank lehnte und langsam und unverhohlen gähnte.

Dann riss sie plötzlich ihre blauen Augen weit auf.

»Hey. Das könnte deine große Chance sein, Seppi. Vielleicht wirst du entdeckt. Vielleicht bieten sie dir an, dich hier rauszuholen. Und dann kommst du zu Ruhm und Ehre.«

»Nein, Tiffany.« Seth blieb an der Türschwelle stehen. »Denn du wirst dafür sorgen, dass die Nachspeise auf dein Konto geht.«

Sie neigte den Kopf zur Seite und schenkte ihm ein gewinnendes Lächeln. »Oder ich erzähle ihnen dieses Mal, dass es eigentlich du warst. Deine Arbeit«, sagte sie mit schmachtender Stimme. »Was meinst du?«

Seth schaute in Tiffanys wunderschöne Augen und unwillkürlich verspürte er einen Hoffnungsschimmer.

Für eine Sekunde glaubte er ihr. Eine Sekunde lang dachte er, sie würde ihm eine Chance geben. Doch dann verzerrte sich ihr Gesicht, und sie bellte ihr verhasstes Lachen.

»Herrlich! Du hast es echt geglaubt. Träum weiter, Seppi. Ich weiß, dass deine Kochkünste nicht ganz schlecht sind.« Sie tippte auf einen Soßenfleck an seiner Schürze. »Aber vergiss nicht, du bist nur ein Tellerwäscher. Und das wirst du bleiben. Du wirst diesen Ort nie verlassen. Wenn ich nach Hause komme, wirst du immer hier sein, an deinem rechtmäßigen Platz, bis zu den Ellbogen in Kartoffelschalen. Du weißt, dass es so sein wird. Du wirst nie wie dein Vater.«

In Seth zog sich alles zusammen. Er wich langsam zurück und stürmte aus der Küche, die Treppe hinauf, Tiffanys bellendes Gelächter im Ohr.

Nur ein außergewöhnliches Rezept würde Tiffany davon abhalten, ihn weiter zu quälen. Und sie würde die Lorbeeren dafür einheimsen. So würde es immer sein. Kein Wunder, dass er nicht von hier wegkam.

6. Kräutertee und Kekse

Als Seth den Gästetrakt erreichte, streckte Graf Ruino gerade seine Nase aus Dr. Thallomius' Zimmer.

Er sah Seth, und sein Gesicht verzog sich, dass es aussah wie zerknülltes Papier.

»Äh. Also, wir haben uns gefragt ... Gäbe es die Möglichkeit, eine Tasse Tee zu bekommen? Und einen Krug mit heißem Wasser für mich und meinen guten Freund Dr. Thallomius hier – wenn du Zeit hast? Es hat überhaupt keine Eile.«

»Ja, natürlich«, sagte Seth.

Endlich hatte er – dem Ruf der Glocke folgend – Gregor Fischadlers Zimmer erreicht. Er klopfte zweimal, und als niemand antwortete, trat er vorsichtig ein. Hoffentlich war es nicht zu spät. Sofort zog etwas seine Aufmerksamkeit auf sich.

Auf dem Schreibtisch gegenüber der Tür lag ein Spiegel aus demselben dunklen Glas und in demselben dunklen Holzrahmen wie der, den er von seinem Vater hatte. Seth ging zum

Schreibtisch und nahm den Spiegel in die Hand. Er dachte, es wäre seiner.

Sobald er ihn in der Hand hielt, passierten zwei Dinge gleichzeitig: Er merkte zwar sofort, dass der Spiegel sich ganz anders anfühlte als sein eigener. Trotzdem hatte er dasselbe eigenartige Gefühl, als er das Abbild seines blassen Gesichts und seiner kummervollen Augen sah. Es war, als würde ihn etwas in das Glas hineinziehen.

Hinter ihm bellte eine Stimme: »Was zum Teufel machst du da?«

Ungeschickt wandte Seth sich um und erwischte dabei mit seinem Ellbogen ein meliertes Kästchen aus rissigem Holz. »Bart-Pflege-Set«, stand darauf. Er konnte gerade noch verhindern, dass die ordentlich aufgereihten Kämme und Bürsten allesamt herunterfielen.

Außerdem ließ er den Spiegel fallen.

Gregor Fischadler stürzte blitzschnell nach vorne, um den Spiegel aufzufangen, Seth machte dasselbe, und fast wären ihre Köpfe aneinandergeschlagen.

Seth spürte, wie er knallrot wurde, und stotterte irgendwas von Zimmerservice.

»Ach wirklich? Na, reichlich spät!«, war Fischadlers bissige Antwort. Er sah Seth an, als hätte er ihn beim Klauen erwischt. »Ich habe mich schon selbst darum gekümmert. Und jetzt raus hier.«

»Ja, Sir. Natürlich, Sir.«

Seth entschuldigte sich noch einmal und flüchtete zurück in

die Küche. Zimmer eins hatte nach Tee verlangt, er hatte es nicht vergessen. Der Abwasch türmte sich inzwischen noch höher, außerdem musste er sich schnell eine Nachspeise für Dr. Thallomius ausdenken.

Ein paar Minuten später stand er etwas außer Atem wieder vor Zimmer eins. »Tee und heißes Wasser. Und Kekse – Zitronen- und Zimtkekse. Ich hoffe, Sie mögen es krümelig.«

Seth durchquerte den Raum zu dem Tisch, wo der Mann mit dem entstellten Gesicht saß und etwas aus einem orangefarbenen Beutel herausbröckeln ließ. Es duftete nach Kräutern, außerdem roch Seth grünen Tee mit einer Prise Gras.

Dr. Thallomius kam mit winzigen Schritten auf ihn zu, schaute ihn gütig an und entschuldigte sich für die Umstände, da Seth ja offensichtlich sehr viel zu tun habe.

Als Seth das Teetablett abstellte, fiel sein Blick auf ein gelbes Blatt Papier:

Wir möchten Sie herzlich ins Hotel Zur letzten Chance *einladen, um die Vorführungen folgender Kandidaten zu beurteilen, die sich für das Auswahlverfahren angemeldet haben.*

Es folgte eine Liste von Namen.

Dr. Thallomius stand neben ihm: »Ich möchte dich meinem alten Freund Graf Ruino vorstellen, mein Junge. Wie ist dein Name?«

Noch nie hatte ein Gast sich für seinen Namen interessiert.

»Seth Seppi«, brachte er mühsam hervor.

Dr. Thallomius schüttelte ihm die Hand, als wäre er entzückt, ihn kennenzulernen. Der alte Mann musste etwas missverstanden haben. Aber Seth traute sich nicht zu sagen, dass er nur der Küchenjunge war.

Der Graf schenkte ihm ein breites Lächeln. »Wer hätte gedacht, dass mein alter Freund Thallomius hier sein würde?« Er lachte in sich hinein. »Ich bin froh, dass ich mich diesem infernalischen Verfahren unterziehe, solange du das Sagen hast, alter Junge. Sollte alles einfacher machen.«

»Von mir werden alle gleich behandelt«, sagte Thallomius mit einem Zwinkern und schüttelte den Kopf. »Auch du.«

Er klopfte Graf Ruino auf die Schulter und lehnte sich gegen die Wand. Seth hatte das seltsame Gefühl, dass die Wand seufzte, als der alte Mann sie berührte.

Dr. Thallomius begleitete ihn zur Tür. »Ganz schön abgelegen hier, nicht wahr? Hast du Familie, Seth?«

Seth musste lächeln. »Nur Bäume, so weit das Auge reicht. Meine Eltern müssen Bäume geliebt haben.«

»Geliebt haben? Sie sind nicht mehr unter uns?«

»Nein.« Seth musste schlucken. Er wusste gar nicht mehr, wann er seinen Vater zuletzt gesehen hatte. Es war schon so lange her, dass er jegliche Hoffnung aufgegeben hatte, ihn je wiederzusehen.

»Das tut mir leid«, sagte Dr. Thallomius und drückte Seth etwas in die Hand.

Seth hatte die Erfahrung gemacht, dass die Gäste einem

Küchenjungen selten Trinkgeld gaben – dem Jungen, der den Tisch deckte und den Müll rausbrachte und die Kerzenleuchter polierte. Und wenn ihm jemand Trinkgeld gab, dann sackten Mr oder Mrs Bunn es ein.

Dr. Thallomius jedoch hatte ihm eine dicke, schwere Münze gegeben. Seth wollte schon protestieren, aber Dr. Thallomius schloss seine Hand um die Münze.

»Wenn ich du wäre, würde ich die an einem sicheren Ort aufbewahren. Nun ab mit dir. An die Arbeit. Es war mir eine Ehre, dich kennenzulernen.«

Seth schluckte. Er war überzeugt, dass Dr. Thallomius ihn mit jemandem verwechselte.

»Sir, was ist Ihre Lieblingsspeise? Ich meine, welcher Nachtisch?« Etwas anderes fiel ihm nicht ein, denn eigentlich wollte er dem alten Herrn einfach irgendwie danken.

»Aprikosen«, sagte Dr. Thallomius.

»Aprikosen«, wiederholte Seth, und schon ratterten ihm alle möglichen Rezepte durch den Kopf.

»Los, Thallomius«, sagte der Graf mit seiner rauen Stimme. »Ich will Tee trinken und mich mit dir unterhalten. Und dann wollen sie unten Karten spielen. Ich möchte die anderen Kandidaten des Auswahlverfahrens gerne kennenlernen. Ich will wissen, mit wem ich es zu tun habe. Und wenn es irgendwie geht, möchte ich ihnen vorher beim Kartenspielen ihr Geld abknöpfen.«

Seth ging aus dem Zimmer, und als er dabei das Wort »Geld« aufschnappte, tastete er unwillkürlich nach der Münze in seiner Tasche. Sie war dick und schwer, und als er sie herausnahm, stellte er mit Schrecken fest, dass sie schimmerte wie richtiges Gold. Aber warum sollte ihm Dr. Thallomius eine Goldmünze geben? Das war doch bestimmt ein Versehen. Doch der alte Mann hatte ja richtig darauf beharrt.

Egal, wie wenig Zeit ihm jetzt noch blieb, egal, wie viele Kerzenleuchter er noch polieren musste, er würde eine Nachspeise zaubern, die den alten Gentleman zum Lächeln bringen würde.

7. Grinsende Dame mit irrem Hut

Aber erst mal ging Seth in sein Zimmer im Dachgeschoss, um endlich seine arme Katze zu füttern und den verfänglichen Fischkopf loszuwerden. Er warf ihn in Nachtschattens Napf, der mitten auf einem schäbigen Teppichfetzen stand.

»Nachtschatten ... Nachtschatten? Du ahnst nicht, wie viel Ärger ich bekommen habe, um dir den hier mitzubringen.«

Er ging an dem schmalen Schrank vorbei, der sich wie der Turm von Pisa schräg zur Seite neigte, und ließ sich auf sein schmales Bett sinken. Die Matratze war noch klumpiger als Henris Kartoffelbrei. Die schwarze Katze schlief zusammengerollt in der Mitte des Bettes. Sie verschmolz mit der dunklen, kratzigen Decke und war in der düsteren Kammer kaum zu erkennen.

Seth nahm seinen Spiegel von dem Karton, der ihm als Nachttisch diente. Sein schmales Gesicht blickte ihm entgegen: große Augen, verstrubbelte Haare, blasse Haut. Dann tat der Spiegel, was er immer tat: Sein Spiegelbild verschwand, und ein anderes Bild erschien, diesmal das Bildnis der grinsenden Dame mit dem irren Hut aus dem ersten Stock. Hastig legte Seth den Spiegel weg.

Nachtschatten reckte sich, streckte die Vorderpfoten aus, schlug die Krallen in die Bettdecke und machte einen Buckel. Dabei warf sie Seth einen bösen Blick zu. Sie war griesgrämig, weil er sie geweckt hatte. Dann stürzte sie sich auf den Fischkopf.

»Apropos Ärger: Nachtschatten, ich brauche ganz dringend ein Rezept. Die Pavlova ist zwar das Beste, was ich je gemacht habe«, er seufzte und zeigte Nachtschatten die Goldmünze, »aber für Dr. Thallomius brauche ich was noch Besseres.« Er raufte sich die Haare. »Ich habe bloß keine Ahnung, was.«

Die Federn der dünnen Matratze ächzten, als Seth ein wenig hin und her rutschte. Behutsam kam Nachschatten zu ihm getapst, hüpfte auf seinen Schoß und grub ihre messerscharfen Krallen in sein Bein, als wäre er ein Kissen.

»Du hast Paps jahrelang zugesehen. Was meinst du, Nachtschatten? Hat er je was Tolles mit Aprikosen gemacht? Irgendeine Idee?«

Er setzte sie auf den Fußboden, und sie fing an, ihre Krallen in ein kleines Loch in der Wand zu schlagen. Wahrscheinlich hatte sie eine Spinne gesehen.

»Na, wenn man schon seine Katze um Rat fragen muss, dann steckt man wirklich in Schwierigkeiten.«

Seth ging zu einer der vielen Stellen in seinem Zimmer, wo

der Putz von der Wand bröckelte. Hinter einem uralten Balken war ein großes Loch, in dem man gut Sachen verstecken konnte. Er nahm ein Glas mit einem zerkratzten Etikett heraus. *Gilberts extra würzige Gewürzgurken* war darauf zu entziffern. Jeder Penny seines mageren Trinkgelds war über die Jahre in dieses Glas gewandert, und nun legte er nachdenklich die Goldmünze dazu. Nachtschatten kratzte noch immer an der Wand.

»Was ist da – eine Maus? Oder eine Spinne?« Sie liebte Spinnen. Manchmal bot sie ihm einen grausigen Anblick, wenn ihr noch ein paar Spinnenbeine aus dem Maul baumelten.

Sie hörte gar nicht mehr auf, kratzte und scharrte ein ziemlich großes Loch in die Wand. Putz flog in alle Richtungen.

»Nachtschatten, hör auf! Ich kann jetzt nicht auch noch den ganzen Dreck wegräumen.«

Nachtschatten war schon von oben bis unten voller Putz.

Trotz des Drecks und des Lochs in der Wand musste Seth lachen. »Du bist gar nicht mehr schwarz, sondern grau. Da muss ich dich wohl jetzt ›Rauch‹ nennen.«

Als er sich runterbeugte, um den Schaden in Augenschein zu nehmen, lachte er nicht mehr. Doch Nachtschatten hörte noch immer nicht auf. »Nein, Nachtschatten. Es reicht!«

Seth schob sie energisch zur Seite, aber sie schlängelte sich wieder hin, steckte ihre Tatze tief in das Loch und buddelte weiter.

»Was ist denn da?«

Seth beugte sich wieder runter und schaute in das Loch. Da war etwas. Er griff hinein und tastete vorsichtig herum. Hoffentlich hatte sich da wirklich keine Maus oder Spinne versteckt. Er zog etwas hervor.

Ein Buch, ein kleines schwarzes Buch, abgenutzt und so alt, dass er fürchtete, es würde in seiner Hand zerfallen. Auf dem schwarzen Umschlag stand nichts, keine Buchstaben, keine Schrift. So alt es auch sein mochte – jemand hatte es gehütet und mit einem starken roten Faden zusammengeheftet.

Seth war überwältigt, dass er etwas so Ungewöhnliches, so Altes und wahrscheinlich sehr Wertvolles in seiner trostlosen Kammer gefunden hatte. Er dachte gar nicht weiter nach, sondern schnürte den roten Faden los und schlug das Buch auf.

8. Das seltsame schwarze Buch

Das Buch fühlte sich warm an, als würde es von innen heraus leuchten. Außerdem schien es sich Seth' Hand anzupassen, als würde es dort hingehören.

Seth hockte sich ans Ende seines schmalen Betts, hielt das Buch im Schoß und war bald völlig vertieft in die dicken Seiten voller Notizen, Kritzeleien, Abbildungen und schwungvoll durchgestrichener Passagen.

Lauter Rezepte, lauter ungewöhnliche Rezepte. Seth war begeistert. Quittentrank, gebratene Taube, Schwan mit Maronenfüllung ... Wenn er etwas liebte, dann neue Rezepte. Und solche Rezepte hatte er noch nie gesehen.

Man konnte dem Buch unmöglich widerstehen. Seite um Seite gab es Anleitungen, wie man Schuhcreme oder Ofenreiniger herstellen konnte oder schottischen Früchtekuchen und ein Getränk aus vielen verschiedenen Kräutern und Beeren mit der Anmerkung »funktioniert gut bei Hunden«.

Seth blätterte immer weiter. Er wollte unbedingt etwas finden, das er für Dr. Thallomius machen konnte. Er blieb an der Abbildung eines Vogelkäfigs hängen. Sie sah dem winzigen Vogelkäfig sehr ähnlich, der in jenem Zimmer von der Decke hing, in dem Mr Bunn den größten Teil des Tages herumlungerte und Zeitung las. Aber dieser Vogelkäfig hier schien in Flammen zu stehen und darunter stand: *Leuchtkäfer-Käfig.*

Nachtschatten glitt neben ihm aufs Bett, Seth streichelte sie. Ihr Fell war noch voller Staub, aber ihre grünen Augen leuchteten wie immer und blickten ihn mit der Weisheit zweier Monde an.

»Als hätte jemand lauter Ideen gesammelt, wie man die Sachen selber macht. Und manche sind ja ganz schön seltsam.« Er starrte auf die Beschreibung eines kleinen Spiegels: »Runaspiegel – für den geheimen Weg.« Das brachte ihn auch nicht weiter.

»Das sind nicht nur Rezepte, Nachtschatten. Da hat wohl jemand leidenschaftlich gern gesammelt und experimentiert. So ähnlich wie ich. Aber was ich wirklich brauche, ist etwas Neues und Köstliches mit Aprikosen. Hier gab es irgendwo ein Kapitel mit der Überschrift ›Lieblingsrezepte der Familie‹.«

Er blätterte zurück – und da war es: *Aprikosentraum.* Aufgeregt überflog er das Rezept. Einfach, aber erlesen. Perfekt. Seth schloss das Buch und seufzte vor Erleichterung. Ausnahmsweise schien er Glück zu haben. Und es war fast, als wäre die Zeit stehen geblieben.

»So, Nachtschatten! Jetzt brauche ich dich. Wir müssen uns auf die Suche nach Aprikosen machen, und zwar schnell.«

Nachtschatten war gerade damit beschäftigt, sich sauber zu putzen. Sie hörte sofort damit auf und folgte ihm, ohne zu zögern. Wie ein flüssiger Schatten glitt ihre kleine Silhouette neben Seth die Treppe hinunter und hinter ihm her in den Hotelgarten. Es dämmerte bereits, sie hatten nicht mehr viel Zeit.

9. Das Festmahl

Seth schlich ins Foyer, die Taschen seines Kittels voll mit Aprikosen. Ängstlich lauschte er, ob ihn schon jemand vermisste. Aber als er am Salon vorbeitappte, hörte er erleichtert, wie Horatio Bunn seinen Gästen fröhlich Getränke anbot. Graf Ruino hatte ja etwas von einem Kartenspiel erzählt, und es klang, als würden die Gäste sich prächtig amüsieren.

Keiner würde also nach ihm klingeln. Trotzdem musste er diese Nachspeise in null Komma nichts fertigbekommen.

Erst einmal deckte Seth aber den langen, glänzenden Tisch im Speisesaal. Ein Gemälde von zwei Männern hing darüber, die sich eine Mahlzeit aus Brot und Käse teilten. Seth hatte kaum noch Zeit. Fürs Polieren der Kerzenleuchter reichte es nicht mehr, und er konnte nur hoffen, dass es keiner merkte.

Acht Stühle standen einladend bereit. Dr. Thallomius würde in dem großen, prunkvoll geschnitzten Stuhl am Kopfende sitzen.

Seth stellte Warmhalteplatten in die Mitte des Tisches, da niemand die Gäste bedienen durfte. Das Essen sollte in trauter Runde stattfinden, hinter verschlossenen Türen, und nur die Hotelgäste würden anwesend sein.

Mr Bunn hatte seiner Belegschaft jedes noch so kleine Detail dieses geheimen Festmahls eingeschärft. Nur den Anlass hatte er verschwiegen. Seth war natürlich neugierig. Er rückte einen kleinen Tisch für den *Aprikosentraum* akkurat hinter Dr. Thallomius' Stuhl und wusste schon genau, in welcher Glasschale er ihn servieren würde.

Er hatte ja einen kurzen Blick auf dieses Blatt in Dr. Thallomius' Zimmer werfen können. Irgendwas über eine Vorführung und Kandidaten für ein Auswahlverfahren. Was um alles in der Welt konnte das nur sein? Und warum machten alle hier so ein Theater um Dr. Thallomius? Wer war dieser VIP-Gast eigentlich? Seth wollte gerade zurück in die Küche gehen, da hielt er inne und zählte noch einmal die Gedecke.

Dr. Thallomius, Professorin Papperspuk, Gloria Trottelbohne, Darinder Dunster-Dunstable, Angelique Squerr, Gregor Fischadler, Graf Ruino.

Das waren nur sieben Gäste. Warum hatte man ihm also gesagt, dass er den Tisch für acht decken sollte?

Gelächter und das melodische Schlagen der Standuhr drangen aus dem Salon und erinnerten Seth daran, dass bald das Essen serviert werden musste. Und die Nachspeise gab es noch gar nicht.

Auf dem Rückweg warf Seth einen kurzen Blick in den Salon.

Dr. Thallomius, Graf Ruino, Professorin Papperspuk und Darinder Dunster-Dunstable saßen in gemütlichen Sesseln eng beieinander um einen niedrigen Tisch neben dem Feuer, das Seth vorhin angezündet hatte. Es warf einen lebhaften, flackernden Glanz auf ihre lachenden Gesichter. Die anderen Gäste saßen an der verchromten Cocktailbar.

Der Salon war das gemütlichste Zimmer im Hotel. Hier gab es keine wuchtige Holzvertäfelung, sondern der Raum war in hellen Farben gestrichen, die das Licht reflektierten, und der schlichte Kamin war aus weißem Marmor. Auch die Gemälde muteten freundlich an, sie zeigten Menschen, die feierten oder fröhlich in Pools badeten.

Der Graf erzählte gerade einen Witz, und alle brachen in schallendes Gelächter aus.

Gut, sie waren versorgt.

In der Küche wurde Seth von einem wütenden Henri empfangen, der auf das hochgetürmte schmutzige Geschirr zeigte. Aber Seth ließ ihn einfach stehen und teilte ihm mit, dass er den Abwasch nach dem Dinner erledigen würde.

Er holte tief Luft und stellte das geheimnisvolle schwarze Buch vor sich auf die Arbeitsfläche. Dann folgte er ganz genau den Anweisungen, trennte die Eier, schlug das Eigelb mithilfe von etwas Zitronenschale zu einer dicken, cremigen Masse und träufelte exakt die angegebene Menge Marsalawein hinein. Nach nur drei Minuten löffelte er seine Nachspeise in die elegante Glasschale. Der *Aprikosentraum* war leicht und locker, cremig und buttergelb wie Vanillesoße.

Seth schloss die Augen und kostete nervös und voller Vorfreude.

Die Nachspeise war absolut perfekt und genauso köstlich, wie er gehofft hatte. Etwas regte sich in ihm, er spürte, dass heute sein Tag war.

»Ist sie das?« Tiffany stand neben ihm und holte ihn zurück in die Wirklichkeit.

Der ängstliche Ausdruck in ihrem Gesicht wich einem Lächeln, das gewinnender nicht sein konnte. »Kurz dachte ich, du würdest mich hängen lassen, Tellerwäscher. Dann hätte ich ja nicht in deiner Haut stecken wollen.«

Vorsichtig trug Seth die Nachspeise durch die Küche ins Foyer. Um sein Werk zu vollenden, hatte er es mit frischen, saftigen Aprikosenscheiben garniert. Außerdem hatte er die Nachspeise in eine größere Schüssel mit Eiswürfeln gestellt, damit sie die korrekte Temperatur behielt. Er überprüfte noch, ob das Etikett *Ein besonderer Gaumenschmaus für Dr. Thallomius* auch richtig saß.

Im Foyer warteten Mr und Mrs Bunn schon angespannt.

Fischadler, Dr. Thallomius und Graf Ruino standen vor dem Speisesaal, und Professorin Papperspuk, Gloria Trottelbohne, Angelique Squerr und Dunster-Dunstable warteten am Treppenabsatz auf den Beginn des festlichen Dinners.

Alle Augen waren auf die erlesene Nachspeise gerichtet, die Seth gerade vorsichtig Tiffany überreichen wollte. Mit zuckersüßem Gehabe und kläglicher Stimme sagte sie:

»O Seth, ich habe mich mit dieser Nachspeise so abgemüht,

vielleicht kannst du auch mal was tun und sie für mich in den Speisesaal bringen?«

Seth spürte, wie sich die Blicke der Anwesenden in seinen Rücken bohrten, während er in den Speisesaal ging. Dabei musste er noch an Fischadler vorbei, der ihm ungeduldig die geschnitzte Holztür aufhielt.

»Es sieht so aus, als müsste das Festmahl etwas später als vereinbart um 18.30 Uhr beginnen«, schnarrte Fischadler, als Seth an ihm vorbeieilte. »Wir sind wie immer fair und verständnisvoll, daher sehen wir derlei kleine Fehltritte nach«, fuhr er fort. Dabei warf er Seth einen vernichtenden Blick zu, der keinen Zweifel daran ließ, wie verärgert er war.

Fischadler schaute ungeduldig auf die Uhr. »Verstehen Sie dies also als Ankündigung, dass das Festmahl in fünf Minuten beginnen wird. Die Tür wird nun verschlossen, als Teil des strengen Prozederes. Wir treffen damit Vorsorge, dass nicht noch in letzter Minute getrickst oder gar sabotiert wird. Das Festmahl wird sich neugierigen Blicken entziehen und im Geheimen stattfinden. Gewiss wäre es Ihnen nicht genehm, wenn Außenstehende hier ein und aus gehen würden«, sagte er, während Seth aus dem Saal eilte. Dann schloss Fischadler die Tür hinter ihm.

»Uns ist bewusst, dass manche von Ihnen wertvolle und geheime Gegenstände bei sich haben und sie nicht den Augen der Öffentlichkeit aussetzen wollen«, fuhr Fischadler kühl fort. »Nun, verehrte Kandidaten, es ist an der Zeit. Gehen Sie und holen Sie alles, was Sie für Ihre Vorstellung brauchen. Bitte seien Sie in genau fünf Minuten wieder hier. Dann wird die Tür geöffnet. Seien Sie pünktlich!« Mr Bunn und Fischadler schlossen die Tür noch doppelt ab – mit einem Schloss oben und einem unten – und die Gäste stürmten nach oben.

Seth hatte keine Ahnung, was Fischadler mit den wertvollen und geheimen Gegenständen meinte und was die Gäste überhaupt vorstellen wollten. Er verstand die ganze Geheimniskrämerei um das Festmahl nicht und warum es so ein aufwendiges Prozedere dafür brauchte. Interessant war es trotzdem. Aber im Moment war das alles unwichtig. Er wusste, dass die Nachspeise wunderbar und vollkommen war. Dies war der Tag, an dem sich sein Leben für immer verändern würde.

10. Rezepte

Fünf Minuten später war auch Seth zurück und schaute zu, wie Mr Bunn und Fischadler die Tür wieder aufschlossen.

Zunächst nahmen Angelique Squerr und Dr. Thallomius am Kopfende des Tisches Platz. Eifrig schnatternd folgte dann Professorin Papperspuk mit Gloria an ihrer Seite, danach Dunster-Dunstable, der sich aufgeregt die Hände rieb, und den Schluss bildeten Graf Ruino und Fischadler.

Sieben Gäste. Seth schaute sich erwartungsvoll nach dem achten um, aber plötzlich spürte er eine schwere Hand am Kragen und roch Henris Knoblauch-Atem. Er wurde in die Küche gezerrt, wo der Abwasch inzwischen so hoch aufgetürmt war, dass er zu wanken schien.

Seth krempelte die Ärmel hoch, ließ Wasser und Spülmittel ins Waschbecken schäumen und konnte seine Neugierde kaum zähmen. Er hätte zu gerne gewusst, was hinter der verschlossenen Tür vor sich ging.

Wenn die Nachspeise den gütigen Dr. Thallomius wirklich beeindruckte, könnte er dann vielleicht mit ihm über seine Träume sprechen? War Dr. Thallomius jemand, den er um Hilfe bitten konnte? Würde er ihn dabei unterstützen, von hier wegzukommen, damit er endlich nicht mehr heimlich kochen musste?

Aber wenn er verraten würde, dass sowohl die Himbeer-Pavlova als auch der *Aprikosentraum* sein Werk waren, legte er sich mit Tiffany an, und bei der Vorstellung sank ihm das Herz in die Hose. Würde ihm überhaupt jemand glauben?

Als er sich an die verkrusteten Töpfe und überquellenden Mülleimer machte, klangen ihm plötzlich Tiffanys Worte im Ohr: *Du wirst diesen Ort nie verlassen. Immer, wenn ich nach Hause komme, wirst du hier sein, an deinem rechtmäßigen Platz, bis zu den Ellbogen in Kartoffelschalen. Du weißt, dass es so sein wird. Du wirst nie wie dein Vater.*

Er tauchte den ersten dreckigen Topf ins Spülwasser.

Sein Leben hier war Millionen Meilen von dem entfernt, was er sich erträumte. Wie sollte er je ein so berühmter Chefkoch werden wie sein Vater? Niemals würde er das schaffen. Weder Tiffany noch allen anderen würde er je beweisen können, dass er mehr konnte als nur abwaschen.

Er tauchte einen Teller ins Spülbecken und hielt inne, ließ den Kopf sinken und seufzte erschöpft.

»Ich werde es nur schaffen, wenn ich mich dahinterklemme«, sagte er sich. Jetzt redete er schon mit sich selbst. In der Küche war niemand, noch nicht einmal Nachtschatten war da. Niemanden interessierte es, was er machte.

Er zog das schwarze Buch aus seinem Kittel. Es war so warm, dass seine Hände sofort daran trockneten.

»Der einzige Weg hier raus ist üben, üben, üben und nicht abwaschen. Ich werde sonst niemals ein so guter Chefkoch wie mein Vater!« Er blätterte durch das schwarze Buch, die aufregendste und verführerischste Rezeptsammlung aller Zeiten.

Prickelnde Erregung erfüllte ihn. Hier waren wirklich außergewöhnliche Ideen zusammengestellt.

Schwan mit Maronenfüllung. Na, das ließ sich so schnell nicht auftreiben.

Aber da war ein Rezept, das er ausprobieren konnte. Und es würde ihn von dem ablenken, was hinter der verschlossenen Tür vor sich ging. Wie lange würden sie wohl für den Hauptgang brauchen, wann würden sie zur Nachspeise kommen? Seth schaute auf die Uhr. Es würde mindestens noch eine Stunde dauern, während er hier nervös wartete – Kochen würde ihn auf andere Gedanken bringen.

Und der Abwasch lief ihm nicht davon.

Er stellte das Buch vor sich hin und legte los.

11. Er muss was Falsches gegessen haben

Zwei Stunden hatten sich die Gäste nun schon im Speisesaal eingeschlossen. Seth war ins kleine Schreibzimmer nebenan geschlichen, um an der Wand zu lauschen. Vielleicht erfuhr er auf diese Weise irgendetwas. Gerade als er sein Ohr an die Wand halten wollte, krachte es fürchterlich. Erschrocken fuhr Seth zurück. Was war passiert?

Die Tür zum Speisesaal wurde aufgerissen. Seth stürmte ins Foyer. Mr Bunn war ihm zuvorgekommen, er taumelte nervös hin und her, schaute mit wildem Blick um sich und wedelte panisch mit den Händen.

»Hilfe!«, schrie er. »HILFE!« Er raufte sich die Haare und hatte die Augen weit aufgerissen.

Seth warf einen Blick in den Speisesaal und wusste nicht, was er tun sollte. Was in aller Welt war da los?

Alle standen um etwas herum.

Norrie Bunn, Henri und Tiffany rannten an ihm vorbei.

Darinder Dunster-Dunstable mit seinen spitzen Ohren fuchtelte wild mit irgendetwas. Es war die Glasschale, in der sich der *Aprikosentraum* befunden hatte.

Dann teilte sich die Gruppe, und Seth konnte sehen, dass sich alle um die kleine Gestalt von Dr. Thallomius versammelten, der sich gerade mit beiden Händen an den Hals griff. Sein Gesicht wurde lila, er wankte und rang nach Luft.

Professorin Papperspuk stürzte nach vorne und klopfte ihm kraftvoll auf den Rücken, da ertönte ein grauenvoller Schrei. Seth glaubte, dass er von Graf Ruino gekommen war. Jetzt schlug Dr. Thallomius um sich und brach auf dem Teppich zusammen.

Alle riefen durcheinander: »Erstickt er?« und »Er muss etwas Falsches gegessen haben!« und »Wir müssen etwas tun!«

Professorin Papperspuk kniete neben Dr. Thallomius und schüttelte ein paar Sekunden später ernst den Kopf. »Es ist zu spät für jede Hilfe. Ich fürchte, wir können nichts mehr für ihn tun.«

»Nein!«, klagte der Graf. »Das kann nicht sein!«

»Es tut mir leid, aber Dr. Thallomius ist tot«, verkündete Professorin Papperspuk. »Und es sieht so aus, als wäre er vergiftet worden.«

Einer nach dem anderen schnappte nach Luft, es klang wie ein lang gezogenes Flüstern.

Seth fühlte sich vollkommen leer. Fischadler erhob laut die Stimme, aber es ging im hysterischen Geschrei der anderen unter.

»Gloria, meine Liebe, schau nicht hin. Komm, du musst hier raus.« Professorin Papperspuk packte Gloria, schob sie aus dem Zimmer und hielt ihr dabei die Augen zu. »Ich will nicht, dass du so was siehst.«

Dunster-Dunstable fuchtelte schon wieder mit der Glasschale herum und haute Angelique damit fast auf die Nase. »Die Nachspeise!«, rief er. »Die hat er gegessen, und dann ist er gestorben. Die Nachspeise hat ihn umgebracht.«

»Sie war eindeutig nur für Dr. Thallomius bestimmt.« Mit dieser letzten spitzen Bemerkung floh die Professorin zusammen mit Gloria die Treppe hinauf.

Seth stand reglos da. Er sah, wie Mr Bunn und Tiffany einen schockierten Blick tauschten. Dunster-Dunstable ging gerade auf Tiffany los, die einen Schritt zurücktrat. Der Junge war viel kleiner als sie, aber Tiffany wich ängstlich immer weiter zurück, während Dunster-Dunstable ihr auf die Pelle rückte und mit der Glasschale vor ihrem Gesicht gestikulierte.

Plötzlich wuselten alle gleichzeitig herum, und Seth konnte sehen, dass Dr. Thallomius völlig reglos auf dem Boden lag, in der Hand noch einen langen silbernen Löffel, Augen und Mund weit aufgerissen. Seth wollte sich abwenden, aber er konnte die Augen nicht von diesem furchtbaren Anblick lösen.

Das Geschrei und das Durcheinander um ihn herum wurden durch das Grauen direkt vor ihm völlig ausgeblendet, und einen Augenblick lang hörte er nur das Blut in seinen Ohren rauschen und sah Dr. Thallomius' toten Körper vor sich. Dann nahm er den schwachen Duft von bitteren Mandeln wahr. Seltsam.

»Ich nehme das jetzt in die Hand«, sagte eine Stimme. Offenbar Fischadler, der erneut versuchte, die Situation in den Griff zu bekommen. »Uns wurde gesagt, dass die Nachspeise dein Werk war, Tiffany Bunn. Was hast du da reingetan?«, blaffte er.

Tiffany starrte mit entsetzt aufgerissenen Augen in die Runde und kauerte sich in eine Ecke. Ihr Vater legte schützend den Arm um sie.

Graf Ruino gab einen lauten, herzzerreißenden Klagelaut von sich. »Mein Freund. Mein Freund ist tot.« Er schüttelte seinen großen Kopf. Dann ging er auf Tiffany los, die sich jetzt in die hinterste Ecke des Saals geduckt hatte. »Warum hast du das getan?«

Tiffany wurde bleich, sie schien in der Wand verschwinden zu wollen und blickte ihn mit großen und wachsamen Augen an.

Doch dann fing sie sich. Sie schob ihren Vater beiseite. »Ich habe nichts damit zu tun!«, verkündete sie, richtete sich auf und begann das Zimmer abzusuchen. Als sie dabei Seth' Blick begegnete, hielt sie inne. Er stand noch immer wie angewurzelt am Eingang zum Speisesaal und konnte einfach nicht begreifen, was da gerade passiert war.

Mit einem erbarmungslosen Ausdruck im Gesicht stapfte Tiffany los, schubste erst Angelique und dann Dunster-Dunstable, der noch immer mit der Glasschale rumfuchtelte, zur Seite. Sie schien zu allem entschlossen und ließ sich nicht aufhalten.

Die anderen traten zur Seite und machten ihr Platz.

Tiffany packte Seth am Kragen und schubste ihn vor sich her zu den anderen.

Er blickte in schockierte, vorwurfsvolle Gesichter. Tiffany hielt ihn fest am Kragen gepackt. Es gab kein Entkommen, keinen Ort, an dem er sich hätte verstecken können.

»Ich hatte nichts mit der Nachspeise zu tun«, verkündete sie. »Das war Seth. Er ist dafür verantwortlich.«

Ein Murmeln ging durch den Raum und wurde immer lauter.

»Mich braucht ihr nicht anzuschauen. Ich war es nicht. Wenn irgendjemand hier Gift reingetan hat, dann war es Seth!«, erklärte Tiffany mit fester Stimme.

Wütend kam Fischadler auf Seth zu.

Bevor er wusste, wie ihm geschah, wurde er gepackt, aus dem Speisesaal geschleift und in Richtung Besenkammer gestoßen. Dann landete er in der Dunkelheit, und die Tür wurde verriegelt.

TEIL ZWEI

12. Auf der Suche nach dem tödlichen Gift

Seth tastete in dem dunklen, engen Raum umher. Nur ein Wischmopp, ein Eimer und eine Werkzeugkiste leisteten ihm Gesellschaft. Er drehte den Eimer um, ließ sich draufsinken und fuhr sich durch die verstrubbelten Haare. Es war schwer, das alles zu begreifen. Nicht zu fassen, dass der gütige Dr. Thallomius wirklich tot war.

Alle dachten anscheinend, es hätte etwas mit dem *Aprikosentraum* zu tun. Aber wie konnte das sein?

Seth zitterte und sank weiter in sich zusammen.

Noch vor ein paar Stunden war er davon überzeugt gewesen, dass heute sein Tag war, dass er heute Tiffany gegenüber den Spieß umdrehen und sein Leben verändern würde. Stattdessen war Henris unheilvolle Prophezeiung beim Anblick des Leuchtkäfers schreckliche Wahrheit geworden. Das Hotel *Zur letzten Chance* war Schauplatz eines Mordes geworden.

»Also«, eine Stimme drang durch die verschlossene Tür herein, »Plan A: Du bleibst einfach da sitzen und hoffst, dass sich alles von selbst regelt und sie begreifen, dass du vollkommen unschuldig bist.«

Seth rückte näher an die Tür. War jemand gekommen, um ihn rauszulassen? Und wem gehörte die leise, schnurrende Stimme?

»Dieser Security-Typ hat sie alle im Salon versammelt und nimmt ihre Aussagen zu Protokoll. Das heißt, jetzt ist die beste Gelegenheit, alle Zimmer zu durchsuchen. Plan B.« Eine weibliche Stimme. Sie klang seltsam und sanft. »Du musst herausfinden, wer es wirklich getan hat, sonst bist du der Schuldige. Trau dich, Seth. Los!«

Seth fühlte sich klein und ängstlich. »Sie werden mich erwischen, und dann wird alles noch schlimmer.«

»Sie werden nicht ewig im Salon hocken und sich belauern, als würden sie sich kein Schnurrhaarbreit vertrauen. Du musst es JETZT tun.«

Seth rührte sich noch immer nicht vom Fleck.

»Du wurdest nicht zum ersten Mal in die Besenkammer gesperrt, oder? Du hast die ganzen letzten Jahre davon geträumt, von hier wegzukommen. Das Gefängnis im Tausch wäre ja gar nicht so schlecht. Aber den Garten würdest du vermissen. Dann heißt es wohl Abschied nehmen«, sprach die Stimme weiter und wurde immer drängender, »es sei denn ... dir könnte der Werkzeugkasten einfallen ...«

Woher wusste die Stimme, dass sie ihn schon so oft in die Besenkammer gesperrt hatten?

Seth blieb noch einen Moment lang sitzen, dann tastete er

wieder umher. Der Werkzeugkasten stand da, wo er immer stand, und Seth griff nach dem Schraubenzieher. Er schraubte die Türangeln ab. Es war ganz einfach.

Er schlüpfte hinaus in das schwach beleuchtete, ausgestorbene Foyer. »Wer bist du?«, fragte er und schaute sich suchend um.

Er spürte, wie etwas an seinem Bein entlangstrich, aber es war nur Nachtschatten. Sie sprang auf eine geschnitzte Figur, die Henri in seiner freien Zeit bearbeitete.

»Ich hasse diese Dinger«, zischte die Stimme, während Nachtschatten mit der Tatze daran herumscharrte.

Seth starrte die Katze an. »Nachtschatten ... sprichst *du* da gerade?«

»Sieht so aus. Aber verlange nicht von mir, dir das zu erklären.«

»Moment mal. Ich meine ...« Seth schüttelte heftig den Kopf. Das war unmöglich.

»Ich sage die Wahrheit, Seth«, schnurrte sie. »Ich wusste immer, dass ich sprechen kann, bisher gab es nur keinen Grund dafür. Aber jetzt brauchst du meine Hilfe.« Nachtschatten flitzte vor ihm die Treppe hoch. »Du sitzt ganz schön in der Patsche, und wir müssen uns ranhalten. Den Hauptschlüssel, Seth!«

»Was sollen wir denn tun, Nachtschatten?«

»Bei meinen Schnurrhaaren, muss ich dir das wirklich sagen, Seth? Jemand hat Gift in dieses Hotel geschmuggelt. Wir müssen es finden, bevor sie es entsorgen.«

An jedem anderen Tag wäre Seth erst einmal der Frage nachgegangen, warum seine Katze plötzlich sprechen konnte. Aber er war überrollt von den Geschehnissen und viel zu sehr mit der Vorstellung beschäftigt, dass eine Hand ihn packen und eine wütende Stimme ihn fragen könnte, warum er nicht mehr in der Besenkammer war. Wenn er wirklich herumschleichen und die Zimmer nach Gift absuchen wollte, dann so schnell wie möglich.

Es gelang ihm, seine zitternden Beine in Bewegung zu setzen, und er schlich am Salon vorbei, aus dem aufgeregte laute Stimmen drangen. Schnell duckte er sich unter den Empfangstresen, schnappte sich den Hauptschlüssel und folgte Nachtschatten die Treppe hinauf. Sein Atem ging ganz flach, so sehr hatte er Angst, jeden Moment erwischt zu werden.

»Aber wie kann ich das Gift erkennen?«

»Denk nach. Du warst im Speisesaal. Ich wette, du hast das Gift gerochen. Benutz deine Nase.«

Seth zwang sich, an den Speisesaal zu denken. Er musste sich auf die Gerüche konzentrieren, die er wahrgenommen hatte, und das entsetzliche Bild von Dr. Thallomius verdrängen, wie er sich im Todeskampf gewunden hatte. Ja, er hatte etwas gerochen.

»Da war was. So ein süßlich-bitterer Geruch. Wie bittere Mandeln.«

War das das Gift gewesen? Anders konnte es gar nicht sein, denn so etwas hatte er im Hotel noch nie gerochen. Nachtschatten stand vor der ersten Tür. Seth schloss sie auf. Er konnte es noch immer nicht ganz fassen, dass er gerade den Rat seiner Katze befolgte.

»Das Zimmer von Professorin Papperspuk.« Nachtschatten glitt an ihm vorbei. »Die sah ganz schön verstimmt aus, als dieser Darinder erwähnt hat, dass Dr. Thallomius hier ist. Mal sehen, was sie zu verbergen hat.«

Seth steuerte direkt auf ein schickes schwarzes Lederetui mit dicken Riemen zu. Offen lag es auf dem Schreibtisch. Darin waren lauter Fläschchen. Seth konnte sein Glück kaum fassen – zwei Reihen kleiner, fummeliger Fläschchen, acht insgesamt. Genau das Richtige, um Gift ins Hotel zu schmuggeln.

Alle waren etikettiert. *Gesang (Lerche), Zetern (Amsel), Schnickern (Rotkehlchen), Trillern (Blaumeise).* Was sollte das bedeuten? Vorsichtig hielt Seth seine Nase an die Fläschchen. Aber er konnte nichts riechen.

»Ich muss die Stöpsel rausnehmen.«

»Beeil dich.« Nachtschatten war direkt hinter ihm.

Seth nahm ein Fläschchen und zog den Stöpsel heraus. Augenblicklich war das Zimmer erfüllt von einem anschwellenden Vogelgesang, so laut, als wäre eine Alarmanlage losgegangen. Als würde er mitten in einem Vogelschwarm stehen. Schnell stöpselte Seth das Fläschchen wieder zu, und es war sofort still. Seth atmete auf, schaute über die Schulter und wartete darauf, ob der Vogelgesang Schritte auf der Treppe nach sich zog.

»Kannst du mal ein bisschen leiser sein, Seth?«

Sie lauschten beide einen Moment lang. Seth war sich sicher, von unten ein Knarren zu hören, und sein Herz machte einen Satz.

»Vielleicht gehe ich mal nachsehen ...«, sagte Nachtschatten und schlüpfte aus der Tür. Aber schon war sie wieder da und konnte berichten, dass die Luft rein war und sich alle noch im Salon befanden.

»Aber mach jetzt mal voran. Sonst bist du doch viel schneller«, knurrte sie.

»Toll. Ich habe eine Katze, die mir mitteilt, dass sie schon seit Ewigkeiten sprechen kann, und dann beleidigt sie mich ständig.«

Aber Seth machte voran, mit klopfendem Herzen und immer auf der Hut. Er schlich sich in Gloria Trottelbohnes Zimmer und durchsuchte es unter dem strengen Blick einer Dame mit langem Gesicht. Ihr Porträt machte den Eindruck, als wollte sie am liebsten petzen und ihn verraten.

Nachtschatten saß auf dem Bett und begann sich langsam die Vorderpfote zu lecken.

»Nachtschatten«, sagte Seth genervt, »kannst du bitte vom Bett runter? Du weißt, dass du nicht mal in der Nähe der Gästezimmer sein sollst. Wenn Norrie auch nur ein einziges Katzenhaar findet, bin ich mausetot.«

Die Katze sprang sofort vom Bett.

»Weißt du was, Seth? Ich geh mal Schmiere stehen.« Sie schlüpfte wieder hinaus. Seth untersuchte ein paar sehr seltsam aussehende Stiefel mit extra-dicken Sohlen. Er hob sie auf und drehte sie um.

»Was sind das für Leute?«, murmelte er. »Haben alle solche seltsamen Sachen?«

Er ging in die Hocke, und seine Nase sagte ihm, dass es irgendwo im Zimmer nach etwas Ungewöhnlichem roch ... Zitronen vielleicht.

Seth folgte seiner Nase. Sie führte ihn zum Bett. Er suchte unter dem Kopfkissen und der Matratze, und richtig, da war etwas versteckt. Er zog eine Papiertüte hervor und machte sie voller Hoffnung auf. Zitronendrops. Viele Zitronendrops.

Seine Hoffnung sank.

Draußen war ein Knarren zu hören, dann ein sanftes, warnendes Scharren an der Tür. Seth hielt die Luft an und spitzte die Ohren.

Wenn die Befragung im Salon vorbei war, würden sie jeden Augenblick feststellen, dass er nicht mehr hinter Schloss und Riegel saß. Er musste schnell wieder nach unten.

»Ich hätte nicht auf dich hören sollen, Nachtschatten.«

Nun konnte er nur mucksmäuschenstill sein und hoffen, dass Gloria Trottelbohne nicht hereinkam.

Wieder scharrte es sanft, hoffentlich gab Nachtschatten Entwarnung, denn jetzt schlüpfte er aus der Tür.

Nachtschatten führte ihn die Treppe hinunter, blieb aber plötzlich auf halber Höhe stehen, sodass Seth fast über sie gefallen wäre. Er verstand sofort, warum. Im Foyer war jemand.

Er wartete, schwer atmend, und lehnte sich ans Tiger-Porträt. Die Raubkatze sah aus, als hätte sie ihm am liebsten das linke Ohr abgekaut.

Seth machte sich bereit, entweder nach unten zurück in die Besenkammer zu rennen, falls die Luft rein war, oder zurück nach oben, falls ihn jemand entdeckte.

Jetzt hörte er Stimmen. Sie kamen direkt von unten, von der Besenkammer her. Es war nur noch eine Frage von Sekunden, bis sie merken würden, dass er nicht mehr drin war.

Seth' Herz schlug wie verrückt. Er hätte das nie tun sollen. Es war dumm gewesen, nach oben zu gehen. Jetzt gab es kein Entkommen mehr.

Das hatte er nun davon, dass er dem Rat einer Katze gefolgt war.

Er war verloren.

13. Auftritt eines Filmstars

»Jetzt beruhig dich mal, Fischadler – ich kann nicht glauben, dass du so stur bist«, sagte eine weibliche Stimme und wurde dabei immer lauter.

»Ich bin hier für die Sicherheit verantwortlich, Angelique«, antwortete Fischadler, der unten im Foyer auf und ab ging. Er lockerte seine Schultern und zog seinen Anzug zurecht. »Bitte vergiss das nicht.«

Nach einer kurzen Pause fragte Angelique mit Nachdruck: »Halten wir uns denn an die Vorschriften? Sind alle Ein- und Ausgänge verschlossen?«

»Wozu? Ich habe alle Aussagen zu Protokoll genommen. Sie haben alle das Gleiche gegessen. Bis auf die Nachspeise. Das ist ein klarer Fall«, schnauzte Fischadler.

Seth hörte, wie Papiere sortiert wurden. »›In einem Kabäuschen hinter der Tiefkühltruhe hat er heimlich eine Nachspeise zubereitet, damit niemand sehen konnte, was er tat.‹« Fischadler schien es abzulesen. »›Er hat sie in letzter Minute gemacht, anschließend wurde die Nachspeise eindeutig mit Dr. Thallomius' Namen versehen. Die Nachspeise wurde direkt vor ihn gestellt, sodass kein Risiko bestand, dass sie von jemand anderem gegessen werden konnte. Sobald der Nachtisch im Speisesaal stand, wurde die Tür verschlossen.‹«

Je länger Seth zuhörte, desto entsetzter war er.

Das stimmte alles. Genau so war es.

Die Nachspeise war als Letztes in den Speisesaal gebracht worden, danach verschlossen sie die Tür. Und als man sie wieder aufmachte, war der Speisesaal voller Menschen gewesen. Wann also war die Nachspeise vergiftet worden?

Es war doch wohl kaum jemand das Risiko eingegangen, das Gift in Anwesenheit der anderen in die Nachspeise zu tun? Und wenn ja, wie konnte man das unbemerkt schaffen?

Es war zwar äußerst unwahrscheinlich, aber wie war das Gift sonst in die Nachspeise gekommen?

»Der Küchenjunge war der Mörder – alles andere ergibt keinen Sinn«, sagte Fischadler mit aalglatter Stimme. »Außer jemand war so unglaublich dreist, vor den Augen aller Gäste etwas in die Creme zu tun. Und niemand soll es bemerkt haben? Ich bitte dich! Wie soll denn das Gift in die Nachspeise gelangt sein? Beantworte mir das, und ich verhafte die Person.«

Selbst als sie ihn beschuldigt hatten und in die Besenkammer sperrten, hatte Seth noch gehofft, dass sie seine Unschuld erkennen würden. Jetzt wurde ihm das ganze Ausmaß seiner fatalen Situation bewusst.

Es konnte niemand sonst gewesen sein.

Aber wie um alles in der Welt war das Gift denn nun in die Nachspeise gekommen?

Solange er keine Antwort darauf fand, wurde er die erschreckende Vorstellung nicht los, dass noch im Laufe des Abends eine sehr ungemütliche und lange Fahrt im Polizeiauto anstand. Der Anfang von einem Leben im Gefängnis. Was sollte er bloß machen?

»Ja, der Fall scheint klar zu sein«, sagte Angelique, aber in ihrer Stimme schwangen Neugier und Zweifel mit. »Und weil ich den ganzen Abend neben dieser Nachspeise gesessen habe und niemand an dem kleinen Tisch war, weiß ich, dass das nicht des Rätsels Lösung ist. Es bleibt ein Mysterium. Und bedenke bitte, mit wem wir es hier zu tun haben.«

Seth war so verwirrt und ängstlich, dass er kaum seinen Ohren traute.

»Der General-Magier wurde ermordet. Und stell dir nur für einen Moment vor, dass du dich irrst, Gregor. Und dass du gerade alle anderen Verdächtigen hast gehen lassen.«

Magier? In Seth' Kopf drehte sich alles. Wovon redete sie da?

»Dass dieser Seppi ein übler Bursche ist, habe ich gleich gemerkt. Ich werde ein Geständnis aus ihm herausquetschen«, sagte Fischadler, und seine Stimme klang kalt wie Stahl. »Ich bringe das hier zu Ende, und dann verschwinden wir noch heute Abend von hier.«

Seth hörte das Rascheln von Seide, und Angelique Squerr rückte in sein Blickfeld. Sie trug ein schwarzes Abendkleid mit einem blutroten Umhang und stützte sich auf einen roten Spazierstock mit silbernem Knauf. Jetzt hob sie ihn hoch und zeigte damit auf Fischadlers Brust.

»Halte dich an die Vorschriften. Hol sofort die MaPo her. Dir bleibt nichts anderes übrig.«

Seth hielt ganz still und spitzte die Ohren, er wollte mehr erfahren. Nachtschatten war an seiner Seite.

»Misch dich nicht ein«, sagte Fischadler gedehnt.

Angelique warf ihr Haar zurück und stupste Fischadler mit ihrem Spazierstock an. »Der wichtigste Magier im ganzen Land wurde ermordet. Und du willst die ganze Untersuchung im Alleingang durchführen, Gregor?«

Fischadler zwirbelte seinen Schnurrbart. »Wenn die MaPo mir vorwirft, dass ich ihre Zeit verschwende, dann mache ich *dich* dafür verantwortlich, Angelique. Ich sag's dir doch, das ist ein ganz klarer Fall.«

Schwere Schritte überraschten Seth. Fischadler hatte sich in Bewegung gesetzt. Seth drückte sich an die Seitenwand der Treppe.

»*Ich* würde erst einmal dafür sorgen, dass alle gründlich überprüft werden, bevor sie das Haus verlassen. Du wirst Rechenschaft ablegen müssen«, rief Angelique. »Halte dich an die Vorschriften!«

Seth lauschte angestrengt nach weiteren Schritten. Er wagte kaum zu atmen, sein Herz schlug wie verrückt. Er brauchte jetzt eine winzige Chance, um wieder in die Besenkammer zu schlüpfen.

Aber es waren keine weiteren Schritte mehr zu hören, nur das Rascheln von Angeliques Kleid. Was machte sie? Sehen konnte er sie nicht mehr. Aber etwas war zu hören, es klang, als würde irgendetwas Elektrisches knistern.

Er wagte es, ein Stück weit die Treppe hinunterzuschleichen.

Angelique stand neben seinem Lieblingsbild, dem farbigen Gemälde einer Eule. Sie war so lebensecht dargestellt, dass er sich vorstellen konnte, wie sie nachts zum Leben erwachte und umherflog.

Mit ihren langen, geschickten Fingern tastete Angelique systematisch den Rahmen ab.

Dann trat sie einen Schritt zurück und hob den Spazierstock über ihren Kopf. Seth dachte, sie würde ihn in das Bild schleudern.

Reflexartig stürzte er vor, um das Bild zu schützen. Aber es blieb nicht genug Zeit, ihr den Stock zu entreißen. Seth konnte nur noch zusehen, wie die Metallspitze des Spazierstocks knisterte und ein greller blauer Strahl, so blau wie sein Kittel, hervorschoss. Saphirblaue Funken schwebten um das Bild herum und lösten sich dann in Nichts auf.

Schwer atmend stand Seth auf der untersten Treppenstufe. Was war da gerade passiert?

Ohne sich umzudrehen, sagte Angelique Squerr: »So, mein Junge, Fischadler ist weg. Und falls du mich beobachtet hast und denkst, du hast etwas gesehen – dann will ich dir geraten haben, es sofort wieder zu vergessen. Außer du möchtest, dass ich mich denen anschließe, die dich in Handschellen sehen wollen.«

14. Die Gemeinschaft der Magier

Seth schluckte und trat ins Foyer. »Nein, nein, ich habe Sie nicht beobachtet. Und ich habe Dr. Thallomius nicht umgebracht«, ergänzte er schnell. »Wenn Sie mir irgendwie helfen können, würde ich das sehr zu schätzen wissen.«

Angelique schrieb in ein kleines Notizbuch, das in rotes Leder gebunden war.

Trotz des Glamours, des Make-ups und der lackierten Fingernägel bemerkte Seth, dass sie kaum älter war als er.

Ihn »Junge« zu nennen, ging ja wohl ein bisschen zu weit.

»Ich muss mich schnell umsehen. Sie sind jetzt noch etwa zehn Minuten im Salon. Und du könntest mir bei ein paar Fragen helfen.«

Die Art, wie sie das sagte, veranlasste Seth zu fragen: »Haben Sie sie eingesperrt?« Er wandte sich um, weil er erwartete, die Gäste im Salon rufen und gegen die Tür hämmern zu hören. Aber er sah nur, wie Nachtschatten sich davonschlich.

»Nein, ich dachte, das würde sie verärgern.« Angelique zog die Nase kraus. »Deswegen habe ich die Türen mit einem Wirrwarr-Zauber belegt. Wenn sie sie berühren, vergessen sie, warum sie das Zimmer verlassen wollten.«

»Äh«, sagte Seth, nun vollkommen verwirrt, »ein Wirrwarr-Zauber ist … gut.«

Er schaute fasziniert zu, wie sie mit den Händen den Rahmen eines Gemäldes mit zwei Pferden abtastete.

»Sie haben Dr. Thallomius den ›General-Magier‹ genannt. Wenn Sie ›Magier‹ sagen, was genau meinen Sie damit?«, fragte er zögernd.

»Chef unseres Dachverbandes, des Elysiums. Ja, er führt die Gemeinschaft der Magier an – führte.« Sie schluckte, und für einen Moment verzog sich ihr Gesicht. Dann warf sie ihr Haar zurück. »Früher war er berühmt für seine magischen Erfindungen, aber er hat seine Werkstatt schon vor Jahren geschlossen und sein gesamtes Leben dem Dienst am Volk der Magier verschrieben. So war er – die Gemeinschaft der Magier hatte immer höchste Priorität. Er hat sich dafür starkgemacht, dass die Magie stets Gutes bewirkt.«

Seth dachte an den kleinen, gütigen Gentleman mit den weißen Haaren, dem dicken Bauch und dem Augenzwinkern. Er hatte nicht im Geringsten wie ein VIP-Gast ausgesehen, geschweige denn wie der Chef der Gemeinschaft der Magier. Mehr wie ein allseits beliebter Großvater.

»Und was meinen Sie mit ›Gemeinschaft der Magier‹?«

Sie warf ihm einen misstrauischen Blick zu. »Ich weiß, dass

die Welt der Magier nicht mehr das ist, was sie einmal war. Aber willst du mir allen Ernstes sagen, dass du noch nie vom Elysium gehört hast?«

»Äh, also«, murmelte Seth, »ich habe mein ganzes Leben lang hier gelebt.« Er zuckte mit den Achseln. »Hier ist nicht viel los. Ich habe von vielen Sachen noch nie was gehört.«

Fast wäre er damit herausgeplatzt, dass er immer gedacht hatte, Magie existiere nur in Märchen mit Hexen und vergifteten Äpfeln und Zwergen.

Angelique wies mit ihrem Spazierstock nach oben, um anzuzeigen, dass er ihr die schmale gewundene Treppe hinauf folgen sollte.

Sie ging voran und blieb dann kurz stehen, um das Tiger-Porträt zu begutachten.

Seth folgte ihr und besann sich auf sein einziges Ziel: alle davon zu überzeugen, dass er Dr. Thallomius nicht umgebracht hatte. Konnte Angelique Squerr ihm helfen? Konnte er ihr überhaupt vertrauen? Was machte sie da ständig mit ihrem Spazierstock? Sie stützte sich auf ihn, während sie ging, aber das war ganz eindeutig nicht der Grund, warum sie ihn bei sich hatte.

»Ist es wirklich schon so lange her, dass Magier etwas ganz Alltägliches waren?«, seufzte sie jetzt, als sie die Gästezimmer erreichten. »Heiler, an die man sich gewandt hat, wenn man Hilfe brauchte. Es gab eine Zeit, da wussten alle, dass Magie für das Gute steht. Glückliche weiße Magie.« Sie schüttelte ihr langes Haar. »So, was kannst du mir über diesen Ort erzählen? Wie lange lebst du hier schon?«

»Mein ganzes Leben.«

»Dann kennst du diesen Ort besser als alle anderen. Du wirst auf alles eine Antwort haben.« Sie lächelte ihn erwartungsvoll an.

Seth glaubte nicht, dass er Antworten hatte. Aber Fragen hatte er, und zwar viele.

»Die Bunns sind deine Eltern?«, fragte Angelique, während sie prüfend hinter eine hässliche Vase sah.

»Nein! Meine Mutter ist bei meiner Geburt gestorben, und mein Vater hat hier als Chefkoch gearbeitet.«

»Hat? Und wo ist er jetzt?«

»Was ist die MaPo?«, warf Seth schnell ein.

»MaPo – die Magier-Polizei ... also, wer glaubst du, untersucht in der Gemeinschaft der Magier die Verbrechen?«

»Warum wollte Mr Fischadler die MaPo nicht dazuholen?«

»Na, sie ist anscheinend ganz schön furchterregend.« Angelique hob ihren Stock und klopfte damit leicht gegen eine Wand. »Es kann wohl ziemlich einschüchternd sein, von Magiern verhört zu werden.«

»Furchterregend? Und sie kommen hierher?«, japste Seth und fragte sich, wie so ein Verhör wohl aussah. Das würde er wohl bald am eigenen Leib zu spüren bekommen. »Ich war es wirklich nicht.«

»Mach dir mal keine Sorgen.«

Keine Sorgen? Seth musste sich schnell an den Gedanken gewöhnen, dass es auf der Welt wirklich Magie gab. Das war schon erstaunlich genug. Dann noch die Tatsache, dass man ihm unterstellte, den Chef-Magier des Landes ermordet zu haben. Und jetzt sollte er sich auch noch einem magischen Verhör unterziehen – konnte es noch schlimmer kommen?

Angelique drehte sich um und schaute ihn direkt mit ihren karamellfarbenen Augen an. Dann hob sie wieder ihren Stock und schlug ihn kräftig gegen die Wand.

Ein Grollen erklang, als würde die Wand antworten. Erst gedämpft, wie ein heraufziehendes Gewitter, und nur die eine Wand bebte. Dann aber begannen alle Wände um sie herum sanft zu wackeln. Das Beben und Grollen wurde immer lauter, bis der Putz herunterkam und Seth auf die Schultern bröckelte. Panisch sah er sich um. Würde das ganze Hotel gleich über ihm zusammenbrechen?

15. Zwei Probleme

Es krachte laut, als würde der Blitz einschlagen, dann war ein leises Knurren zu hören, und gerade als Seth dachte, dass er losrennen müsste, hörte es plötzlich auf.

»Was um alles in der Welt war das?«, fragte er und klopfte sich den Staub von den Schultern.

Angelique rümpfte nur die Nase. »Die Wände möchten uns etwas sagen. Hast du das schon mal gehört?«

»Ein gruseliges Knurren, als würden die Wände sprechen? Bestimmt nicht. Daran würde ich mich erinnern.«

Seth schwirrte der Kopf, während er Angelique folgte. Er musste an den vergangenen Nachmittag denken, als Dr. Thallomius die Wand berührt hatte. Da hatte er doch auch irgendwas gehört, eine Art Seufzen. Was bedeutete das?

»Sie haben gesagt, dass der Ermordete – Dr. Thallomius – früher ein magischer Erfinder war. Äh ... also, was genau ist eine magische Erfindung?«

»Fragst du immer so viel?« Angelique sah ihn spöttisch an und warf ungeduldig ihr Haar zurück. »Es gibt zum Beispiel Teleports, das ist Magie fürs Reisen. Oder Telegloben – eine magische Art zu kommunizieren.« Sie schaute ihn prüfend an, als wollte sie herausfinden, ob er begriff. »Die meisten Magier zaubern auf die übliche Art. Sie denken sich vielleicht einen Zauberspruch aus oder entwickeln einen Zaubertrank, um Leute dazu zu bringen, etwas vielleicht Ungeplantes zu tun.«

Seth musste an das kleine schwarze Buch denken. Es war voller verschiedener Notizen, nicht einfach nur Rezepte, sondern auch merkwürdige Kritzeleien, Abbildungen und Ideen, die er nicht verstanden hatte. Seltsame Dinge, wie sie Seth noch nie zuvor gesehen hatte. Etwa die Seite mit dem winzigen Käfig voller Licht.

»Könnte eine magische Erfindung auch wie ein ... ein ...«, er stotterte, weil er seine Gedanken sammeln musste, »... wie ein Leuchtkäfer-Käfig oder ein ...«

Er brachte den Satz nicht zu Ende.

Angelique hatte sich ruckartig umgedreht und stürzte sich mit flatterndem blutroten Umhang auf ihn. Sie ließ die Spitze ihres Spazierstocks aufschnappen und drückte das Ende an seinen Hals wie einen Dolch.

»Du erzählst mir hier, dass du noch nie von der Gemeinschaft der Magier gehört hast, und dann kommst du mir *damit*?« Wütend drückte sie mit ausgestrecktem Arm noch fester zu.

Regungslos schielte Seth auf die Spitze des Spazierstocks. Er hätte gerne geschluckt, aber er traute sich nicht.

»Was weißt du über den Leuchtkäfer-Käfig?«, fragte Angelique mit sprühenden Augen.

»Ich ... ich ...« Er konnte an nichts anderes denken als an den Stock an seinem Hals. »Ich ... ich glaube, ich habe das bei einem der Gäste aufgeschnappt. Ich weiß noch nicht mal, was das ist.«

»Ein Leuchtkäfer-Käfig? Das ist Magie von der gefährlichsten Sorte, Seth. Wenn du meinen Rat willst, sprich mit niemandem darüber«, zischte sie. »Nicht, wenn deine einzige Ausrede ist, dass du nichts über Magie weißt.«

Mit gefährlich blitzenden Augen hielt sie den Spazierstock noch ein paar Sekunden an seinen Hals gedrückt, dann ließ sie ein wenig locker, und Seth bekam zumindest wieder Luft.

»Das ist keine Ausrede«, murmelte er. »Ich weiß nichts über Magie. Was ist das denn überhaupt?«

Mit den schönen Leuchtkäfern, die im Wald lebten, hatte das bestimmt nichts zu tun. Angelique hatte ihm Angst eingejagt.

Sie schauderte und ließ die Spitze ihres Spazierstocks zuschnappen. »Das willst du nicht wirklich wissen. Manchmal kann Magie ...«, sie hielt kurz inne und schien nach Worten zu suchen, »manchmal kann Magie fürchterlich sein.«

Dass Magie anscheinend tatsächlich existierte, war erstaunlich und wunderbar. Trotzdem war Seth ratlos.

»Wenn Fischadler mitbekommt, dass du hier rumspazierst, sieht es für deine Verteidigung nicht gut aus«, sagte Angelique und zeigte mit ihrem Stock Richtung Treppe. »Du brauchst wohl Hilfe, um wieder in die Besenkammer zu kommen.«

»Das schaffe ich schon alleine«, sagte Seth.

Sie folgte ihm trotzdem die Treppe hinunter, und diesmal war das Foyer zum Glück verlassen.

Seth kroch zurück in die Dunkelheit. Noch vor ein paar Stunden schien sein Leben schwierig zu sein, weil er Tiffanys niederträchtige Machenschaften ertragen musste. Nun beschuldigte man ihn des Mordes, und zwar des Mordes am wichtigsten Magier des ganzen Landes.

Lieber würde er hierbleiben und Tiffanys Bösartigkeit für den Rest seines Lebens ertragen, als abtransportiert zu werden, weil alle davon ausgingen, dass er Dr. Thallomius ermordet hatte, der so gut zu ihm gewesen war.

Aber was sollte er machen? Das alles war zu viel für ihn.

»Ach übrigens, welcher Gast hat denn den Leuchtkäfer-Käfig erwähnt?«, fragte Angelique, bevor sie die Tür der Besenkammer zumachte.

Es klang ganz ungezwungen, aber Seth wusste, dass sie gespannt auf seine Antwort wartete.

»Tut mir leid, ich weiß es nicht mehr.«

»Tja, Seth, dann schlage ich vor, dass du deinen Grips ein bisschen mehr anstrengst, wenn du diesem Schlamassel hier entkommen willst. Ich rate dir herauszufinden, wer in den verschlossenen Speisesaal gekommen sein könnte, um die Nachspeise zu vergiften. Das ist der Schlüssel. Nur so kannst du dich selbst retten.« Sie seufzte. »Aber im Moment habe ich zwei Probleme.«

Seth hätte gerne gesagt, dass er mehr als nur zwei Probleme hatte. Er hatte keine Ahnung, was sie vorhatte, warum sie mit diesem gefährlichen Spazierstock die Wände anstieß und sie zum Grollen brachte. Er vertraute ihr nicht das kleinste bisschen.

»Okay«, sagte er zögernd. »Kann ich irgendwie helfen?«

»Nun, Seth – du lebst hier schon dein ganzes Leben lang, und das versetzt mich in eine wirklich missliche Lage.«

»Tut mir leid, das zu hören«, murmelte er.

»Denn es kann gut sein, dass du der Einzige bist, der mir hier wirklich helfen kann. Aber ich muss Fischadler recht geben. Du, Seth, bist mit Abstand derjenige, der am ehesten Dr. Thallomius ermordet haben könnte.« Und damit schlug sie die Tür zur Besenkammer zu und schloss ab.

Seth war wieder allein.

16. Das Verhör

Der Schlüssel wurde ins Schlüsselloch gesteckt, die Tür ging auf und Angelique spähte in die Dunkelheit herein. »Ich habe gesagt, dass ich dich hole. Jemand von der MaPo ist gekommen. Dein Verhör fängt gleich an.«

»Jetzt schon?« Seth schluckte und fühlte sich wie Wackelpudding.

Er folgte ihr mit schleppenden Schritten und versuchte sein Gesicht zurechtzurücken. Sie sollten nicht sehen, wie groß seine Angst war. Er war noch nicht bereit. Irgendetwas, egal was, musste ihm einfallen. Er musste etwas erwidern, wenn sie ihn beschuldigten, Dr. Thallomius ermordet zu haben.

»Bitte«, sagte er mit schwacher Stimme, als sie das kleine Schreibzimmer neben dem Speisesaal erreichten. »Fällt Ihnen irgendjemand ein, der Dr. Thallomius hätte ermorden wollen?«

Die Hand schon auf dem Türgriff, drehte sich Angelique zu

ihm um. Ihre dunklen Augen blitzten. Und ihre Antwort kam völlig überraschend. »Na, eine Menge Leute, würde ich sagen.«

»Ein Menge Leute?«, wiederholte Seth. Dieser wunderbare kleine Mann, der ihn an den Weihnachtsmann erinnert und ihm eine Goldmünze geschenkt hatte? »Wirklich? Wer denn zum Beispiel?«

»Als Chef des Elysiums wollte er radikale Reformen durchsetzen. Damit hat er sich viele Feinde gemacht.«

»Feinde?« Ein Hoffnungsschimmer. Aber Seth wollte sich nicht allzu viel davon versprechen. »Jemand Bestimmtes?« Die Vorstellung, dass dieser gütige Mann Feinde gehabt hatte, war schwierig. »War einer dieser Feinde hier, im Hotel?«

»Ruber Centranthus hat in letzter Zeit ziemlich viel Ärger gemacht. Man verdächtigt ihn, letzte Woche am Tod von zwei Magiern beteiligt gewesen zu sein. Und seine Anhängerschaft wächst. Sag einfach die Wahrheit, Seth. Wird schon schiefgehen.«

Angelique klopfte an die Tür und öffnete sie einen Spaltbreit, um zu sagen, dass Seth wartete.

Sie ließ die Tür offen und blieb stehen. In voller Absicht, denn sie machte keinen Hehl daraus, dass sie lauschte. Auch Seth hörte den beiden Stimmen zu.

»Und da Sie ja für die Sicherheit von Dr. Thallomius hier verantwortlich waren«, hörte Seth die eine Stimme sagen, »können Sie mir sicher etwas verraten, was ich zu gerne wissen würde: Warum um alles in der Welt hat er dieses abgelegene Hotel gewählt?«

»Teil von Dr. Thallomius' Rekrutierungskampagne für das Elysium«, erklärte die zweite Stimme – Fischadler. »Wir haben uns zum Auswahlverfahren getroffen. Alle neusten Anwärter, die dem Elysium beitreten wollen, sind hier.«

Rekrutierungskampagne für das Elysium? Langsam dämmerte es Seth. Die Liste in Dr. Thallomius' Zimmer bezog sich auf das Auswahlverfahren. Also deswegen das geheime Festmahl und das merkwürdige Prozedere. Deswegen waren all diese seltsamen Leute ins Hotel *Zur letzten Chance* gekommen.

Sie alle wollten wohl offizielle Mitglieder der magischen Gemeinschaft werden und hatten sich für das Auswahlverfahren angemeldet.

»Aber es ist Mord, Sir. Zum Glück gibt es einen offenkundigen Verdächtigen. Ich war ja nicht dafür, Sie zu belästigen«, fuhr Fischadler fort.

»Ich fühle mich nicht belästigt.«

»Giftmord durch den Küchenjungen. Eindeutiger könnte es nicht sein.«

»Freut mich zu hören. Als Sie sich gemeldet haben, habe ich gerade Tennis mit Andreas Phist gespielt; es war der entscheidende Satz. Klingt so, als könnte ich bald weiterspielen. Also, dieser Küchenjunge hat ein tödliches Gift in die Nachspeise des Chefs des Elysiums getan, und nun können wir alle nach Hause gehen. Habe ich das richtig verstanden?«

»Ganz genau. Ich habe die eindeutige Tatsache nachgewiesen, dass er der Einzige ist, der die Gelegenheit hatte, das tödliche Gift Dr. Thallomius' Essen unterzumischen«, erklärte Fischadler.

»Also *muss* er es einfach gewesen sein. Ich kann ihn gleich verhaften, und Sie können zurück zu Ihrem Tennismatch«, sagte Fischadler energisch. »Obwohl, jetzt haben Sie doch schon verloren, oder?«

»Da sind noch ganz andere Dinge passiert. Und es war mein Aufschlag. Exzellente Arbeit, Mr Fischstäbchen. Ich schreibe das in meinen Bericht. Niemand anderes hätte das Gift verabreichen können, nicht wahr? Ein höchst faszinierender Fall. Dann sollten wir diesen Küchenjungen mal hereinbitten. Diesen Killer-Küchenjungen. Also. Ich bin bereit, diesen Superschurken kennenzulernen.«

17. Wir lassen Verbrecher verschwinden

Fischadler öffnete die Tür zum kleinsten Zimmer im ganzen Hotel. Er schob Seth hinein und schubste ihn auf einen der vier Stühle, die um einen Schreibtisch herumstanden. Darüber hing eine einzige Lampe. Schwach beleuchtete sie den kleinen Raum.

Gregor Fischadler setzte sich neben ihn. Seth warf einen kurzen Blick auf den Mann, der hinter dem Schreibtisch im Dunklen stand. Er war so groß, dass das winzige Schreibzimmer noch kleiner wirkte.

Und er würde ihn verhören.

Seth spürte, wie ihm der Schweiß den Nacken hinunterlief.

In dem trüben Licht konnte er nur sehen, dass der Mann sehr groß war, silbergraues Haar hatte und ein langes Gesicht. Seine kleinen, runden Brillengläser spiegelten das Licht, deshalb konnte Seth seinen Gesichtsausdruck nicht richtig erkennen.

Er krallte sich an den Armlehnen seines Stuhls fest, und ein langes, unbehagliches Schweigen breitete sich aus. Der große Mann trommelte mit den Fingern auf den Schreibtisch.

Nach einigen Minuten fürchtete Seth schon, dass man ihm gar keine Frage stellen würde. Dass alle von seiner Schuld überzeugt waren. Anscheinend gab der Mann von der MaPo ihm nicht einmal die Möglichkeit, sich zu erklären.

Dann hörte das Trommeln auf.

»Ich würde gerne mehr über diese faszinierende und bewährte Zusammenkunft von Dr. Thallomius wissen«, sagte er und wandte sich an Fischadler. »Eine bewährte Zusammenkunft, gewiss, bis auf den Mord natürlich. Außer ich habe etwas übersehen, das sonst nicht zum Auswahlverfahren gehört? Was sagt denn der Sicherheitsbeauftragte dazu? Ah, das sind ja Sie, Mr Fischstäbchen.«

»Mein Name ist Fischadler, Sir, Gregor Fischadler.«

»Natürlich, natürlich. Also, die Nachspeise wurde direkt aus der Küche in den Speisesaal gebracht?«

»Ja, so ist es. Sobald das Essen für das Festmahl bereitstand, wurde die Fünf-Minuten-Warnung ausgegeben. So ist das korrekte Prozedere. Die Tür wurde abgeschlossen.«

»Und nach fünf Minuten wurde sie wieder geöffnet?«

»In den fünf Minuten konnte niemand den Speisesaal betreten«, beharrte Fischadler. »Als die Tür aufgemacht wurde, haben sich alle zum Essen hingesetzt. Angelique Squerr saß genau neben der Nachspeise, bis Dr. Thallomius sie gegessen hat. Ich habe alle befragt. Sie bestehen darauf, dass niemand die Nachspeise auch nur angerührt hat.«

»Soso. Dann lässt das nur zwei interessante Möglichkeiten zu. Vielleicht drei.« Der Mann beugte sich nach vorne, griff völlig überraschend nach Seth' Hand und schüttelte sie.

»Inspektor Zinnkrug, MaPo. Wir kümmern uns um alle magischen Verbrechen. Du wirst von uns gehört haben. Aber die meisten Gerüchte haben mit der Wahrheit nichts zu tun.«

»Nein, Sir«, presste Seth hervor und wischte sich die schweißnasse Hand an der Hose ab, nachdem der Inspektor sie losgelassen hatte. Fast hätte er sich als Hauptverdächtiger vorgestellt.

Fischadler warf ihm einen triumphierenden Blick zu, und Seth sah nur noch schwarz. Er machte sich bereit. In seinem Nacken kribbelte es.

Inspektor Zinnkrug räusperte sich, und Seth schätzte, dass es nun so weit war: Das Verhör begann.

»Spielst du Tennis?«, fragte der Inspektor.

Seth schüttelte nervös den Kopf und brachte keinen Ton heraus. Er konnte an nichts anderes denken, als dass Inspektor Zinnkrug Teil der magischen Polizei war und mit ungewöhnlichen und unangenehmen Methoden die Wahrheit herausfinden wollte.

»Sehr weise«, nickte Inspektor Zinnkrug. »Ein lächerliches Spiel. Aber es macht süchtig.« Er seufzte tief. »Man denkt, man wird besser, aber –«

»Es war kein Gift drin, als ich sie in den Speisesaal gebracht habe«, sagte Seth. Er sprach hastig, konnte aber nur flüstern. »Ich hatte keinen Grund, ihn umzubringen. Er war gut zu mir.«

»War er das?« Inspektor Zinnkrug lehnte sich so weit über

den Schreibtisch, dass sein Kopf auf derselben Höhe war wie Seth'. »Du bist ganz schön still für einen, der so viel Ärger macht. Als du eben ›Nein, Sir‹ gesagt hast, meintest du damit, dass du noch nie von der MaPo oder noch nie von den Gerüchten gehört hast?«

»Äh, beides, Sir.«

»Tja. Das führt mich zu einer ganz wichtigen Frage.« Er schaute sich um, sein Kopf schrammte dabei fast an der Decke entlang. »Gibt es die Möglichkeit, eine Tasse Tee zu bekommen?« Er schaute Fischadler an. »Und haben Sie Ihrem Superschurken eine angeboten?«

»Äh…«, stotterte Fischadler.

Inspektor Zinnkrug wühlte durch die Innentasche seiner Jacke und schob Seth eine kleine, schlichte weiße Karte über den Schreibtisch zu. Seth las die Worte, die in einem Kreis angeordnet waren: *MaPo – die LÖSUNG* für all Ihre magischen Fälle.*

Daneben war ein Foto von Inspektor Zinnkrug. Er sah darauf aus wie ein Schuldirektor, der gleich eine schreckliche Strafe austeilen wird.

»Früher war unser Werbespruch: ›Wir lassen Verbrechen verschwinden‹ – Kennst du den? Damals kannte ihn jeder.«

»Ich – ich glaube nicht, Sir.«

»War sowieso Unsinn. Niemand kann Verbrechen verschwinden lassen. Verbrecher haben wir dagegen manchmal verschwinden lassen.« Er lächelte. »Aber wir bringen sie wieder zurück –«, nun lächelte er nicht mehr, »jedenfalls die meisten.«

Seth fiel auf, dass das Wort »Lösung« mit einem kleinen

Sternchen versehen war und dass unten auf der Karte in winzigen Buchstaben stand: **in der Regel.*

»Was soll das heißen – ›in der Regel‹?«, fragte Seth und runzelte die Stirn. »In der Regel gibt es eine Lösung?«

»Oh, mach dir darüber mal keine Sorgen«, sagte Inspektor Zinnkrug, griff nach der Karte und steckte sie in seine Jackentasche zurück. Dabei war eine Reihe von winzigen Fläschchen und Tiegel am Futter zu sehen. »Nach der Sache mit dem Werwolf und dem Klavier haben uns ein paar übergenaue Paragrafenreiter diese Ergänzung nahegelegt. Wenn du mich fragst, nahm die Sache für den Werwolf gar kein so schlechtes Ende, wie die Leute immer behauptet haben.«

Es klopfte leise an die Tür, und bevor sie überhaupt hereingebeten werden konnte, betrat Angelique das Zimmer. »Angelique Squerr«, verkündete sie. »Ich war die persönliche Assistentin von Dr. Thallomius. Ich habe beim Auswahlverfahren protokolliert. Und ich dachte mir, ich könnte weiterhelfen?« Sie setzte sich.

»Perfektes Timing, Miss Squerr. Wir haben uns gerade darüber unterhalten, was den General-Magier wohl ins Hotel *Zur letzten Chance* geführt hat. Sie werden uns sicher sagen, dass Dr. Thallomius den weiten Weg hierher auf sich genommen hat, um ganz außergewöhnliche Kandidaten zu treffen? Kandidaten, die er unbedingt in die Gemeinschaft der Magier aufnehmen wollte? Deutliche Anzeichen magischer Kräfte?«

Angelique wickelte sich ihre rote Haarsträhne um den Finger. »Nicht wirklich, nein.«

»›Nicht wirklich‹. Ich verstehe.«

Seth klammerte sich wieder an seinem Stuhl fest und versuchte, nicht in Panik zu geraten. Er wartete darauf, dass ihm jemand sagte, ob er nun verhaftet sei oder nicht. Sie waren zu viert in diesem winzigen Zimmer, beinahe Nase an Nase, und es wurde immer stickiger. Wenn er hier nicht bald rauskam, würde er in Ohnmacht fallen oder anfangen sich zu verplappern.

Er sah auf, als eine frische Brise durch den Raum zog und den Duft der Spezialität des Hauses, der Fischkoppsuppe, verbreitete. Inspektor Zinnkrug hatte die Tür geöffnet, jetzt hob er den Kopf und schnupperte: »Was riecht denn da so köstlich?«

»Das ist unsere Fischkoppsuppe, Sir«, antwortete Seth. Wenn es ums Kochen ging, war er gleich viel selbstbewusster.

»Suppe? Nun, ich habe gerade das anstrengendste Tennisspiel meines Lebens gespielt. Ich weiß nicht, wie es euch geht, aber darf ich vorschlagen, dass wir uns in etwas größere Räumlichkeiten begeben? Und wenn möglich, kann sich unser Hauptverdächtiger in diesem Mordfall nützlich machen und uns zu dieser Suppe führen?«

Seth wollte aufstehen, dankbar, diesen stickigen Raum verlassen zu können. Doch eine Hand auf seiner Schulter hielt ihn zurück. Er schaute in das ernste Gesicht von Inspektor Zinnkrug, der über ihm aufragte.

»Außer du hast mir noch etwas zu sagen, junger Mann?«

Seth roch einen Hauch frischer Pfefferminze, als Inspektor Zinnkrug ihm noch näher rückte.

»Du wirst mir doch nicht von dieser Suppe abraten, oder?«, fragte Inspektor Zinnkrug leise.

»N-nein, Sir. Auf keinen Fall, Sir. Die Suppe ist sehr gut, Sir. Das Rezept meines Vaters.«

»Und du bist dir ganz sicher, dass du nicht auch in die Suppe Gift getan hast? Wirklich nur in die Aprikosen-Nachspeise?«

Seth schluckte, dann schüttelte er entschieden den Kopf. »Sir, ich habe nirgendwo Gift reingetan.«

Als er ängstlich in das Gesicht von Inspektor Zinnkrug schaute, meinte er, kleine Fältchen in den Augenwinkeln zu sehen, so als wollte der Inspektor eigentlich spitzbübisch lächeln.

Aber vielleicht bildete er sich das auch nur ein. Er rappelte sich dankbar aus seinem Stuhl auf und führte erleichtert den Weg in die Küche an, auf der Suche nach Suppe.

18. Bis zum Hals in Schwierigkeiten

Ein paar Minuten später stellte Seth eine Schüssel vor Inspektor Zinnkrug und versicherte ihm noch einmal stotternd, dass die Suppe völlig ungefährlich war. Gerade als er betonte, dass alle heute Abend die Suppe ohne negative Auswirkungen gegessen hatten, kam Dunster-Dunstable in die Küche. Er schaute Seth mit unverhohlener Neugier an und gesellte sich dann zu Angelique und Fischadler.

»Und, was passiert jetzt?«, fragte Dunster-Dunstable, nahm einen Stapel Karten aus seiner Tasche und begann sie zu mischen. »Ganz schön verzwickt, das Ganze. Dr. Thallomius kann es uns nicht mehr sagen – sind wir nun im Elysium oder nicht? Wie geht es nun mit uns weiter?«

Immer wieder schaute er zu Seth. Da der es gewohnt war, entweder ignoriert oder herumkommandiert zu werden, war es seltsam, so im Mittelpunkt zu stehen. Er setzte sich so weit weg wie möglich in eine dunkle Ecke.

Angelique stand auf. »Dr. Thallomius ist tot. Ermordet. Im Moment denkt bestimmt niemand an irgendwas anderes«, sagte sie von oben herab.

Inspektor Zinnkrug wandte sich an Dunster-Dunstable und schüttelte ihm herzlich die Hand. »Der Große Gandolfini. Verblüffende Illusionen auf der Bühne. Sie treten seit Ihrem achten Lebensjahr auf, nicht wahr? Inspektor Zinnkrug – MaPo – Sie haben natürlich von uns gehört. Nun, wir haben hier ein teuflisch kluges Verbrechen, niemand weiß, wie es durchgeführt wurde, deshalb ist die Schuld auf diesen schurkischen Küchenjungen gefallen. Ein unmögliches Verbrechen, ein völlig faszinierendes Rätsel um ein verschlossenes Zimmer. Genau Ihr Ding. Ich wette, Sie haben dazu ein paar Ideen.« Er hob eine silbergraue Augenbraue.

Dunster-Dunstable sah zunächst geschmeichelt aus, dann veränderte sich sein Gesichtsausdruck jedoch. Er legte beide Hände auf die Brust und sah verwundet aus. »Sie glauben doch nicht, dass ich etwas damit zu tun habe? Warum sollte ich ihn umbringen? Er war im Begriff, mir meinen rechtmäßigen Platz im Elysium zu gewähren.«

Aus dem hinteren Teil der Küche war Angeliques ruhige Stimme zu hören: »Oder auch nicht. Vielleicht warst du unzufrieden darüber, dass du nun schon zum dritten Mal durch das Auswahlverfahren gehst. Vielleicht dachtest du, er lehnt dich wieder ab.«

»Hattest wohl Angst, dass Dr. Thallomius deine billigen Tricks durchschaut? Und dann dieser lächerliche Name! Der Große

Gandolfini«, spottete Fischadler. »Nichts als Schall und Rauch. Hast du es wieder nicht geschafft, wirklich mal zu zaubern?«

»So geht es also weiter, ja? Wir sitzen rum und beschuldigen uns gegenseitig?« Dunster-Dunstable ging auf Fischadler zu, und für einen kurzen Moment entglitt ihm sein Lächeln, aber schon hatte er das spitzbübische Grinsen wieder aufgesetzt. »Nun, dieses Mal habe ich umwerfend gut gezaubert. Dieses Mal werde ich bestimmt aufgenommen. Aber vielleicht sollte ich lieber erzählen, wie sehr die Papperspuk sich darüber aufgeregt hat, dass Dr. Thallomius das Auswahlverfahren leiten würde? Natürlich, Glorias Großvater – Wintergrün Trottelbohne – und Dr. Thallomius haben sich zerstritten. Und wie! Die Feindseligkeiten dauern schon viele Jahre an. Warum fragen wir nicht mal die Professorin, was sie vom Auswahlverfahren hält?«

Fischadler schaltete sich ein: »Feindseligkeiten?«

Seth hörte sich alles an und bekam ein flaues Gefühl im Magen. So würde es immer weitergehen. Die Leute würden über Dinge reden, die ihm viel zu hoch waren. Dinge, die keinen Sinn machten und aus einer Welt kamen, die er nicht kannte.

»Wusstet ihr nicht, dass Wintergrün zu den Vermissten, wahrscheinlich Explodierten gehört, den VWE?«, redete Darinder weiter und tänzelte mit einem frechen Grinsen aus der Küche.

Jetzt war Seth noch ratloser. Er saß in seiner Ecke und begriff, dass er dringend mehr herausfinden musste. Inspektor Zinnkrug und Fischadler unterhielten sich leise und tauschten Notizen aus, Angelique starrte ins Nichts, während ihr Tee wahrscheinlich kalt wurde.

Er musste alles über diese Welt der Magie herausfinden. Die einzige Chance, seine Unschuld zu beweisen, war es, den richtigen Täter zu finden. Und um das zu tun, musste er sich auskennen. Seine einzige Hoffnung war, schön stillzuhalten, weiter zuzuhören und zu sehen, ob Angelique ihm noch ein bisschen mehr erzählen würde.

Vor der Küche ertönte ein Lachen, das genau wie das Bellen eines Hundes klang. Seth wurde sofort hellhörig. Bestimmt hatte Tiffany sich daran ergötzt, dass ihn mal jemand anderes quälte, und kam nun dazu, um das Ganze noch ein bisschen aufzumischen.

Er hörte das schreckliche Geräusch ihrer kleinen Schritte, und schon war sie in der Küche und beschenkte alle mit ihrem umwerfenden Lächeln.

»Was für eine schreckliche Tragödie«, fing sie mit leiser, belegter Stimme an. »Ich wollte Sie nur alle wissen lassen, dass ich selbstverständlich alles tun werde, um einen Beitrag zu leisten und zu helfen.«

Tiffanys bleiches Gesicht rückte drohend in sein Blickfeld, sie kam immer näher. Wie lange hatte sie schon gelauert? Lang genug, um zu hören, dass ihr ermordeter VIP-Gast der wichtigste Magier im Land gewesen war?

Seth konnte sich beim besten Willen nicht vorstellen, wie Tiffany darauf reagieren würde, ebenso wenig wie auf die Tatsache, dass sich alle Gäste hier im Hotel um eine Aufnahme in die Gemeinschaft der Magier bewarben.

Er hoffte inbrünstig, dass sie noch nichts davon mitbekommen hatte. Seine absolut schlimmste Vorstellung war eine Tiffany mit Zauberkräften. Das war noch schlimmer, als in Handschellen abgeführt zu werden.

Sie blinzelte mit ihren blauen Augen und stellte sich direkt hinter seinen Stuhl. »Ich möchte helfen, dieses schreckliche Verbrechen aufzuklären.«

»Wie nett von dir, das anzubieten«, sagte Inspektor Zinnkrug. »Entzückend! Genau zum richtigen Zeitpunkt. Und genau dich brauchen wir, um ein Missverständnis aufzuklären. Ich bin ganz fasziniert von dieser berüchtigten Nachspeise, die eindeutig nur für Dr. Thallomius bestimmt war.«

»Ich wurde gebeten, extra etwas für ihn zuzubereiten«, sagte Seth aufgeregt und gleichzeitig froh, dass er endlich alles erklären konnte. »In der anderen Nachspeise war eine Zutat, gegen die er allergisch war.«

»Seht ihr, er hat alles über sein Opfer herausgefunden!«, warf Fischadler ein.

»Äh, also ja, es ist wichtig, seine Gäste zu kennen«, stotterte Seth.

»Und sobald Dr. Thallomius von dieser Nachspeise gegessen hat, ist er umgefallen und war tot?«, fragte Inspektor Zinnkrug weiter.

Seth nickte.

»Werden Sie meinen kleinen Topfschrubber verhaften?« Tiffanys schönes Gesicht war voller Besorgnis, aber Seth wusste, dass sie vor Schadenfreude fast platzte. »Wollen Sie ihn wirklich mitnehmen? So etwas Gewagtes traue ich ihm gar nicht zu. Ich meine, so etwas Verstörendes, wie jemanden zu ermorden. Er kehrt doch sicher zu seinem Abwasch und dem Abfall zurück?«

Tiffany war inzwischen so nah an Seth herangerückt, dass er ihr Vergnügen nahezu riechen konnte. Sie lehnte sich nach vorne und sprach ihm direkt ins Ohr, dabei kitzelte ihr Atem ihn.

Jetzt wandte sie sich an Inspektor Zinnkrug und sagte zuckersüß: »Was kann ich also tun? Es muss doch etwas geben.«

»Aber ja. Du hast sicher diese atemberaubende Pavlova gemacht, von der ich so viel gehört habe? Und der *Aprikosentraum*, der ist sicher auch dein Werk? Nicht von diesem kleinen Topfschrubber hier, da bin ich mir sicher.«

Tiffany wandte sich langsam um und richtete die ganze Kraft ihres hypnotischen Blicks auf Inspektor Zinnkrug.

»Oh, ich fürchte, das hat alles Seth gemacht. Er lernt sehr langsam und ist auch sonst zu nichts nutze. Aber wenn ich die Zeit erübrigen kann, dann gebe ich mir alle Mühe, ihm etwas beizubringen. Und damit war ich einigermaßen erfolgreich. Sie werden ihn ein wenig unter Druck setzen müssen, um ein Geständnis zu bekommen. Dabei kann ich sicher auch helfen. Genau genommen wäre es mir ein Vergnügen.«

Der vertraute schreckliche Geruch von abgestandenem Rum kündigte Norrie Bunn an. Wollte sie ihn auch quälen, so wie ihre Tochter? Würde sich keiner für ihn einsetzen und bestätigen, dass er gar keinen Grund gehabt hatte, Dr. Thallomius umzubringen?

»Ich glaube, Sie haben Seth lang genug verhört«, sagte Norrie, und für einen kurzen Moment war er froh über die Erlösung. »Er hat Pflichten, mit denen er mehr als im Verzug ist. Sofern Sie ihn also nicht verhaften und heute Abend wegbringen, schlage ich vor, dass er das Foyer aufräumt und für die Gäste zurechtmacht. Und wenn du schon dabei bist, schür noch das Feuer, Seth.«

19. Ein genialer Erfinder

Graf Ruino saß im Foyer vor dem Kamin, und nur das erloschene Feuer leistete ihm Gesellschaft.

Für Seth war es ein Bild des Jammers. Er sammelte die Gläser ein und wischte den niedrigen Tisch ab, um den gemütliche Sessel herumstanden. Graf Boldo Ruino schien seine Anwesenheit kaum zu bemerken, er sah gar nicht auf. Leise räumte Seth die Cocktail-Bar auf. Noch vor ein paar Stunden hatten sie hier gestanden, zusammen getrunken, schlechte Witze gemacht und Karten gespielt.

Er war noch immer ganz in Gedanken versunken und verrichtete seine Arbeit, als die anderen hereinkamen und es sich bequem machten. Norrie bot Getränke von der Bar an.

Seth schürte das Feuer und spürte den prüfenden Blick des Grafen im Rücken. Er war froh, als Fischadler das Schweigen durchbrach. Obwohl er Seth nur an die vielen Fragen erinnerte, die ihm selbst durch den Kopf spukten.

»Meine Nachforschungen haben ergeben, dass es tatsächlich stimmt«, verkündete Fischadler eifrig. »Wintergrün Trottelbohne, Gloria Trottelbohnes Großvater, ist tatsächlich einer der Magier, der offiziell zu den Vermissten, wahrscheinlich Explodierten gehört ...«

»In der Tat gehörte Wintergrün dazu«, knurrte Graf Ruino mit seiner rauen Stimme. »Dieser Tag hat unsere Gemeinschaft entsetzlich viele Leben gekostet. Eine Tragödie.« Fischadler las weiter von seinen Notizen ab: »›Und Wintergrün war mal ein enger Freund von Dr. Thallomius. Sie waren berühmt für ihre magischen Erfindungen.‹«

»In jungen Jahren war er ein genialer Erfinder – das haben die Menschen vergessen«, seufzte Graf Ruino. »Torpor hat nie ein schlechtes Wort über Wintergrün Trottelbohne verloren. Obwohl es wahr ist, dass sie sich zerstritten haben. Aber das ist ewig und drei Tage her.«

»Tja, Dr. Thallomius wusste sicher besser als jeder andere, dass nichts einen Feind so sehr ärgert, wie wenn man ihm vergibt«, sagte Inspektor Zinnkrug und ließ sich neben den Grafen in einen Sessel sinken. »Boldo, du warst mit Dr. Thallomius eng befreundet. Ich möchte dir mein tiefes Beileid aussprechen. Du hast den Nachmittag mit ihm verbracht. Hat er irgendetwas zu dir gesagt, was uns weiterhelfen könnte?«

Boldo schüttelte langsam den Kopf. »Torpor war den ganzen Nachmittag quietschfidel. Wir haben Tee getrunken und uns dann mit Kartenspielen vergnügt. Torpor hat uns alle geschlagen, aber es war dieser Dunster-Dunstable, der da sein Unwesen trieb. Der Junge kann vielleicht mit einem Stapel Karten umgehen!«

»Aber Dr. Thallomius hat doch das ganze Geld gewonnen«, sagte Fischadler und runzelte die Stirn.

Der Graf breitete die Hände aus. »Natürlich. Der Junge hat dafür gesorgt, dass Dr. Thallomius gewinnt – der plumpe Versuch, ihn zu bestechen! Nicht, dass es irgendeinen Unterschied gemacht hätte. Torpor hat seine Pflichten zu ernst genommen. Die Welt der Magie vor dem Untergang und Aussterben zu retten, das war Torpor. Er hat sein Leben lang dafür gekämpft, dass sich die Magie immer nur für das Gute einsetzt.«

Ruinos vernarbtes Gesicht wirkte vor Trauer ganz eingefallen. »Zinnkrug, kannst du es fassen, dass unsere Welt so zerbrechlich geworden ist? Dass es tatsächlich Menschen gibt, die nicht an Magie glauben? Mein guter Freund Torpor war fest entschlossen, das zu ändern. Wir haben schwere Zeiten durchgemacht.« Er begann zu weinen, sprach aber tapfer weiter. »Die Idee, alle ausfindig zu machen, die wahre magische Kräfte besitzen, und ihnen eine Ausbildung anzubieten, war genial. Und unabdingbar für das Fortbestehen unserer Gemeinschaft, nicht wahr?«

»Eine mutige Strategie«, sagte der Inspektor.

Der Graf griff nach dem karierten Taschentuch, das Zinnkrug ihm hinhielt, und wischte sich eine große Träne aus dem Augenwinkel. »Torpor hatte keine Angst, es mit ihnen aufzunehmen. Die Magier haben mit der Zeit eingesehen, dass sein Weg der richtige war.«

»Obwohl«, warf Fischadler mal wieder mit aalglatter Stimme

ein, »die Leute doch gerne seine Politik für den Aufstand verantwortlich machen. Für das, was zum schrecklichen Ende der zweiundvierzig Magier geführt hat, die als vermisst und wahrscheinlich explodiert gelten.«

Für einen Moment sah der Graf entsetzt aus, dann wurde er nachdenklich. »Du glaubst, dass Ruber Centranthus sogar hier, in diesem abgelegenen Wald, seine finstere Hand im Spiel hat? Seine Macht wächst, ich weiß. Wie legen wir diesem Kerl das Handwerk?«

Fischadler schüttelte den Kopf. »Der Mörder ist unter uns.« Er sah Seth demonstrativ an.

Der kniete sich nieder, um ein weiteres Scheit ins Feuer zu legen. Eine Flamme züngelte empor und spiegelte sich in der dunklen Glatze des Grafen, der sich gerade eine Träne abwischte. Und eine kleine, heimtückische Stimme flüsterte in Seth' Kopf, wie hervorragend der Graf den Mord doch tarnte.

Seth hasste sich dafür, dass er so etwas überhaupt dachte.

Ruino sah wirklich mitgenommen aus. Und warum sollte er Dr. Thallomius umbringen, einen offenbar wunderbaren Menschen? Die Welt der Magie für Lehrlinge zu öffnen? Das klang mehr als wunderbar.

»Inspektor Zinnkrug, die Gäste im Hotel mögen allesamt sehr gute Gründe gehabt haben, Dr. Thallomius umzubringen«, schnauzte Fischadler und warf Seth wieder einen drohenden Blick zu. »Aber wir wollen die Tatsache nicht vergessen, dass nur einer die Möglichkeit hatte, ihm das Gift zu verabreichen.«

»Da sieht man mal wieder, wie schwierig es ist, am Anfang

einer Ermittlung die richtige Spur zu entdecken«, sagte Inspektor Zinnkrug nachdenklich.

Seth fühlte eine warme Hand auf seiner Schulter. Er blickte Inspektor Zinnkrug an und schreckte vor dem Gedanken zurück, dass er gleich abgeführt würde, um eine ungemütliche Nacht im Besenschrank zu verbringen.

»Mir ist aufgefallen, Seth, dass du dir gar keine Suppe aufgetan hast? Keinen Hunger?«

Seth hörte seinen Magen knurren.

»Ich habe festgestellt, dass die beste Unterstützung bei verzwickten Todesfällen immer von Angestellten im gewohnten Umfeld kommt. Ansonsten ziehen sich Fälle immer wochenlang hin und werden sehr schlampig untersucht. Ich bin mir sicher, Mr Bunn kann einen Teller Suppe erübrigen.«

Inspektor Zinnkrug führte ihn zurück in die stille Küche. Seth erschrak, denn dort sah es verheerend aus. Erschöpft machte er sich an die verschüttete Soße auf dem Fußboden und an die überquellenden Mülleimer. Verkrustete Pfannen stapelten sich turmhoch neben dem Spülbecken. Seth wusste gar nicht mehr, wo er weitermachen sollte, da wurde er zu einem Stuhl geführt und ein Teller Suppe wurde vor ihn hingestellt.

Er begann zu löffeln. Unter Inspektor Zinnkrugs festem Blick war ihm ganz unwohl.

Der Inspektor nahm sich auch noch etwas Suppe und setzte sich neben ihn. »Du hast übrigens recht, was die Suppe betrifft. Also, du wirst nicht mitten in der Nacht versuchen durch diesen Wald zu entkommen?«

Seth schüttelte den Kopf. »Ich gehe nirgendwohin. Außer ins Gefängnis, wenn es nach Mr Fischadler geht.«

»Lassen wir doch einen Augenblick Mr Fischadlers Wünsche links liegen. Du hast dir sicher Gedanken zum Mord gemacht?«

Seth schluckte.

Es schien wohl tatsächlich Leute zu geben, die Dr. Thallomius gerne tot sehen wollten – auch hier im Hotel. Aber das änderte nichts an der Tatsache, dass niemand die Möglichkeit gehabt hatte, die Nachspeise zu vergiften. Seth kam einfach nicht dahinter.

Er schaute Inspektor Zinnkrug an und wünschte, seine Gedanken lesen zu können. Hoffentlich begriff er, dass ein Junge, der nichts von der magischen Welt wusste, den Mord nicht begangen haben konnte.

»Ich habe ein paar Fragen.«

»Schieß los.«

»Da ist etwas Seltsames, über das ich mir Gedanken gemacht habe. Mir wurde aufgetragen, dass ich den Tisch für acht decken sollte, aber es waren nur sieben Gäste.«

Inspektor Zinnkrug schaute ihn so lange an, dass Seth schon dachte, er wäre in Trance gefallen. Hatte er was Falsches gesagt?

Schließlich meinte Inspektor Zinnkrug: »Ein weiterer Teilnehmer des Auswahlverfahrens? Einer, über den wir noch nichts wissen? Ich muss sagen, dieser Fall wird immer faszinierender. Nun habe *ich* eine Frage an dich.«

Seth hörte sich seufzen. Er wusste ja, dass es Fragen geben würde. Hatte Inspektor Zinnkrug absichtlich gewartet, bis er so müde war, dass er ihn leicht auf dem falschen Fuß erwischen konnte?

»Würdest du je gehen?«

»Gehen?«, sagte Seth. Wieder überraschte ihn die Frage. Er versuchte sich vorzustellen, dass er woanders war – es ging nicht. Ein Teil von ihm wollte auf jeden Fall die Welt jenseits des Waldes sehen, der das Hotel umgab – das glaubte Seth zumindest. Aber die Welt war ein einziger riesiger, unbekannter Ort. Bei dem Gedanken zog sich sein Innerstes wie Papier in einer Flamme zusammen. »Ich habe keine Freunde, keine Verwandten, kein Geld.«

»Dann würde dich das viel Mut kosten. Es wäre riskanter, als zu bleiben. So ... irgendwelche abschließenden Gedanken, die vielleicht noch etwas Licht auf diese Tragödie werfen könnten?«

Seth wünschte, ihm würde irgendetwas einfallen, irgendwas, das dieses Verbrechen erklären konnte, ohne direkt auf ihn zu weisen.

»Ich weiß, Sir, dass es aussieht wie ein unmögliches Verbrechen«, sagte er zögernd. »Niemand kann erklären, wie das Gift in die Nachspeise gekommen ist. Auch ich habe keine Idee. Ich war es jedenfalls nicht. Ich denke nur ... könnte der Mörder – ich meine, könnte jemand Dr. Thallomius mit Magie umgebracht haben? Alles andere kommt mir unmöglich vor. Obwohl es nun mal passiert ist.«

Inspektor Zinnkrug sah ihn wieder lange und ruhig an. Er hatte wohl eine sehr dumme Frage gestellt.

»›Wenn man das Unmögliche ausgeschlossen hat, muss das,

was übrig bleibt, die Wahrheit sein, so unwahrscheinlich sie auch erscheinen mag‹«, sagte Inspektor Zinnkrug. »Kennst du das? Das hat mal ein Detektiv gesagt, der wohl noch berühmter ist als ich.«

»Das war Sherlock Holmes, Sir«, sagte Seth. »Aber ich habe es nie wirklich verstanden. Was genau meint er damit?«

»Ich glaube, es bedeutet, dass dein Vater eine richtig gute Nase gehabt haben muss und dass er sie an dich weitergegeben hat. Ich habe ebenfalls einen ziemlich guten Riecher, allerdings nicht für richtige Rezepte. Man sagt, ich habe den richtigen Riecher für Ärger. Für Lügen und Ausflüchte.«

»Das sind drei Dinge«, sagte Seth.

»Aber natürlich. Am berühmtesten ist meine Nase allerdings dafür, dass sie etwas sehr Wichtiges aufspüren kann – Magie. Und wenn meine Nase mir eins sagt, Seth, dann, dass du recht hast. Da ist Magie im Spiel, und zwar mitten in diesem scheinbar unmöglichen Verbrechen.«

20. Auf der Suche

Obwohl Seth so müde war, dass ihm alles wehtat, wälzte er sich in seinem schmalen Bett hin und her und konnte nicht einschlafen.

Nach allem, was heute passiert war, hielt ihn der eine überraschende Gedanke wach: Magie gab es wirklich.

Es war ein bisschen, wie wenn man durch eine Tür tritt und an einem unerwarteten, aber schönen Ort landet und dann gesagt bekommt, dass da etwas Dunkles, Gefährliches und Unbekanntes lauert. Die Art, wie Angelique reagiert hatte, als er den Leuchtkäfer-Käfig erwähnte, machte ihm Angst.

Als er sich schon wieder im Bett herumwälzte, handelte er sich einen scharfen Tatzenhieb von Nachtschatten ein. Wie immer schlief sie zu seinen Füßen. Er versuchte still zu liegen. Am liebsten hätte er ihr weiches Fell gestreichelt, aber er wollte sie nicht ganz aufwecken. Es war so schön, dass sie ihr Geheimnis preisgegeben hatte. Was für ein Glück, er hatte eine sprechende Katze! Okay, es wäre auch schön gewesen, wenn er die ganzen letzten Jahre mit ihr hätte sprechen können. Das waren einsame Jahre gewesen. Aber Nachtschatten war immer für ihn da. Und er befürchtete, dass sie auf seine Frage, warum sie bis jetzt geschwiegen hatte, einfach nichts mehr sagen würde. Sie war nämlich ganz schön griesgrämig. Das hätte er gar nicht gedacht.

Er wollte alle Gespräche, die ihm nun durch den Kopf gingen, verstehen. Vielleicht konnte er dann rekonstruieren, was da passiert war.

Wie war das Gift bloß in die Nachspeise gekommen? Inspektor Zinnkrug hatte recht. Das war eine unmögliche Frage, niemand konnte sie beantworten. Aber es war nun mal passiert. Er musste es aufklären. Wie sollte er sonst seine Unschuld beweisen?

Wer konnte Dr. Thallomius nur ermordet haben?

Dieser Name – Ruber Centranthus – war Angelique sofort eingefallen, als er sie nach Dr. Thallomius' Feinden gefragt hatte. Aber es musste jemand von den Gästen sein.

Seth konnte nicht aufhören, über die Ereignisse des vergangenen Tages zu grübeln. Er musste die Wahrheit herausfinden! Und so wälzte er sich weiter hin und her.

Darinder Dunster-Dunstable schwebte an ihm vorbei, so leicht wie ein Ballon. Dann griff er Seth hinters Ohr und zog triumphierend eine wunderschöne Dessertschale hervor.

Angelique tauchte vor ihm auf, und die tödliche Spitze ihres Spazierstocks war direkt auf seinen Hals gerichtet. *Es ist ein unmögliches Verbrechen, Seth, und du bist der Hauptverdächtige.*

Inspektor Zinnkrug ragte über Seth auf und sah mehr denn je wie ein Baum aus – es wuchsen sogar Äste aus seinem Kopf, wie ein Geweih.

Und dann spähte Seth zwischen Gitterstäben hindurch, gefangen an einem dunklen Ort, eingesperrt in einem winzigen Käfig, verzweifelt. Er hatte das Gefühl, sein ganzes Leben hier verbracht zu haben, ohne Hoffnung auf Rettung. Als er an den Gitterstäben rüttelte, pikste ihn etwas ins Bein und zerrte zugleich schmerzhaft an seinen Haaren.

Seth öffnete die Augen.

»Du hast geschrien«, sagte Nachtschatten.

»Habe ich das? Ich habe gar nicht gemerkt, dass ich eingeschlafen bin.«

Nachtschatten streckte sich und krallte sich in die kratzige Decke. »Nun sag schon, wer war's?«

»Ich weiß es nicht. Wie soll ich das denn bloß herausfinden?«

»Komm, Seth. Konzentrier dich mal. Was ist mit der, die immer mit dem gefährlichen Spazierstock durchs Hotel geht? Trau ihr nicht über den Weg. Oder das kleine, hintertriebene Balg mit den spitzen Ohren? Der kann gut Sachen aus dem Nichts hervorzaubern. Oder der mit der Narbe. Ich habe ihn ewig im Foyer beobachtet. Hat so getan, als würde ihn das alles mitnehmen.«

»Ich glaube, es *hat* ihn mitgenommen«, sagte Seth. »Der Graf hat nicht nur so getan. Da bin ich mir sicher.«

War er sich wirklich sicher?

Irgendjemand log hier.

Seth kaute alles noch mal durch. »Sie führen nichts Gutes im Schilde: Dunster-Dunstable hat versucht Dr. Thallomius zu bestechen. Glorias Großvater gehört zu den Vermissten, wahrscheinlich Explodierten. Wintergrün Trottelbohne und Dr. Thallomius waren einmal befreundet und haben gemeinsam Sachen erfunden, damals, als Dr. Thallomius noch magische Apparate entwickelt hat; aber sie haben sich zerstritten. Und ich habe sofort gemerkt, dass Professorin Papperspuk Dr. Thallomius hasst.«

»Hast du herausgefunden, warum?«

»Ich glaube, in der magischen Welt gibt es Unruhen«, sagte Seth nachdenklich. »Angelique hat etwas von Reformen erzählt. Dr. Thallomius hat die Welt der Magie für andere geöffnet. Er hat anderen die Chance gegeben, Mitglied zu werden und sich anzuschließen.«

»Na, das klingt doch gut.«

»Ja, dachte ich auch. Aber nicht jeder ist dafür, und es scheint zu einer großen Schlacht geführt zu haben. Viele Magier sind gestorben. Und niemand weiß eigentlich genau, wer gestorben ist. Angelique hat aber gesagt, dass Dr. Thallomius Feinde hatte.«

»Klingt schlimm.«

»Er verfolgte seinen Plan, weil es inzwischen nur noch ganz wenig Magier gibt. Die Welt der Magie droht unterzugehen«, sagte Seth und hing einen Moment seinen Gedanken nach. »Vor ein paar Stunden wusste ich noch gar nicht, dass es die Welt der Magie überhaupt gibt. Und jetzt finde ich die Vorstellung schrecklich, dass magische Menschen aussterben könnten.«

»Seth, du schweifst schon wieder ab. Noch mal zurück. Was hast du noch erfahren?«

»Im Grunde sind alle deswegen hier – um mit der Einladung ins Elysium geehrt zu werden. Wenn du beweisen kannst, dass du nur einen Funken magische Kraft besitzt – und das ist bei Mitgliedern von magischen Familien nicht immer der Fall –, kannst du Zauberlehrling werden. Aber es ist wohl schwer, das zu beweisen.« Seth kraulte Nachtschatten unterm Kinn.

»Aber wie wurde er vergiftet, Seth?«

»Das ist die große Frage. Angelique sagt, ich wüsste es, aber da irrt sie sich.« Seth raufte sich die Haare.

»Du musst doch irgendeine Idee haben, Seth.« Nachtschatten schmiegte sich noch enger an ihn. »Ich wette, es ist die sauertöpfische Gloria. Jahrelanger Groll zwischen ihrer Familie und der von Thallomius ist doch Grund genug, ihn um die Ecke zu bringen.« Sie streckte sich ausgiebig. »Also, wer war's denn nun? Sag es mir, dann kann ich weiterschlafen.«

Seth setzte sie auf den Fußboden. »Das Blöde ist, ich weiß es einfach nicht. Vielleicht liegt die Antwort direkt vor unserer Nase.«

»Na, das ist ja wunderbar! Überall bin ich herumgeschlichen, unter jedem Tisch war ich – und ich habe absolut keine Ahnung. Ist es das sauertöpfische Mädchen? Sie sieht aus wie jemand, die eine wirklich gute Nachspeise nur durch einen Blick verderben könnte. Und was hat es mit dem achten Platz am Tisch auf sich?«

Ihr Blick folgte Seth, als der sich seine Taschenlampe und die Jacke griff. »O nein, sag jetzt nicht, dass wir dafür nach draußen müssen. Es ist bitterkalt. Und du weißt, was der Frost mit meinem Fell anrichtet. Kann das nicht warten, bis die Sonne aufgeht?«

»Nein. Das kann absolut nicht warten. Es gibt nämlich nur einen Menschen, der Dr. Thallomius hätte umbringen können.«

»Dann holen wir ihn uns. Wer ist es?«

»Na ja, folgendes Problem, Nachtschatten: Was, wenn ich es tatsächlich war?«

21. Der Duft von Mandeln

Bei meinen Schnurrhaaren«, sagte Nachtschatten. »Natürlich warst du es nicht. Und jetzt willst du etwa Beweise gegen dich selbst finden? Tolle Idee. Was dagegen, wenn ich nicht mitkomme?«

Aber sie hüpfte nicht in die warme Kuhle auf dem Bett zurück, sondern schlich neben ihm die unebene Treppe hinunter. Auf dem zweiten Absatz machten sie kurz halt und waren beruhigt, als sie Norrie Bunn schnarchen hörten. Nachtschatten rannte vorweg, und die Dunkelheit verschluckte sie. Seth achtete darauf, nicht auf die knarrende dritte Stufe von oben zu treten, und erreichte unbemerkt das Erdgeschoss.

Abgesehen von der Standuhr im Foyer, die bereits die frühen Morgenstunden anzeigte, war es still im Hotel.

»Die Tür, die vom Foyer in den Garten geht, ist am leisesten«, sagte Nachtschatten. »Alle schlafen bestimmt noch, aber ich kann trotzdem nachsehen, ob die Luft rein ist.« Sie sauste zwischen Seth' Beinen durch. Zwei Sekunden später war sie wieder da. »Weißt du was? Die Tür ist schon offen. Dabei ist der alte Bunn doch so pingelig, wenn es ums Abschließen geht. Wir sind besser vorsichtig. Hier läuft irgendwo ein Mörder frei rum.«

»Danke, Nachtschatten.«

Seth steckte seine Nase aus der Tür und schnüffelte, als könnte er so einen Hinweis darauf bekommen, wer sich noch da draußen rumtrieb. Nachtschatten tauchte in die tiefe Dunkelheit, und als Seth nach draußen trat, durchdrang seine Taschenlampe kaum die schwarze Nacht.

Schnell gingen sie unter dem Laubdach der Bäume entlang. Weder das Funkeln der Sterne noch die schmale Mondsichel konnten ihnen den Weg leuchten. Nur im Licht der Taschenlampe suchte sich Seth den Weg Richtung Glühwürmchen-Lichtung. Dahinter schlängelte sich der Fluss, der mitsamt einem Wasserfall die Hotelanlage eingrenzte und den Weg nach Norden versperrte.

»Ich habe es genauso gemacht, wie Fischadler gesagt hat«, flüsterte Seth. »Ich habe die Nachspeise zubereitet, niemand anders hat sie berührt, dann habe ich sie in den Speisesaal gebracht, und der wurde abgeschlossen. Niemand kann sie vergiftet haben.«

»Dann hat jemand Magie angewendet, um in den Speisesaal zu kommen.«

Seth ging weiter. »Ich war müde und in Eile«, sagte er grimmig. »Ich habe die Nachspeise gemacht. Was ist, wenn ich aus Versehen etwas mitgenommen habe, so was wie Tollkirsche, und es unter die anderen Zutaten gekommen ist? Nachtschatten? Es wäre möglich.«

»Möglich, aber unwahrscheinlich. Hat das Gift nach Tollkirsche gerochen?«

Seth dachte an den Moment im Speisesaal zurück. »Nein, eher nach Mandeln.«

»Na, dann ist das ein wichtiger Hinweis. Niemand weiß mehr über Zutaten als du. Und ich wette, die Nachspeise hat nicht nach Mandeln gerochen, als du sie reingetragen hast.«

»Aber ich muss sichergehen«, sagte Seth stur.

»Hör auf, dir die Schuld zu geben, Seth. Du warst es nicht.«

Gäste beschwerten sich gerne über die gespenstische Stimmung in dem nassen und windigen Wald, der fast bis ans Hotel heranreichte. Man konnte sich schnell einbilden, dass die Baumstämme Gesichter hatten. Und oft begegnete man einem leeren Blick oder aufgerissenen Mund, um festzustellen, dass es eine alte Statue war, voller gelber Flechten und mit Efeu überwuchert.

Seth wusste noch genau, welchen Weg er gegangen war, um die Aprikosen zu suchen. Er hatte zwar nicht gewusst, wo sie wuchsen, aber dass er sie finden würde, davon war er ausgegangen. So war das immer im Garten, seltsam. Egal zu welcher Jahreszeit, immer wenn er Zutaten für ein Rezept brauchte, auch Pfirsiche und Kürbis, dann ging er in den Garten und entdeckte irgendwann das, was er brauchte. Als er noch klein war, hatte Seth manchmal gedacht, dass der Garten magisch war.

Vorwurfsvoll tänzelte Nachtschatten über den frostigen Boden und schien kaum die Erde zu berühren. Sie gingen an einem ehemaligen Gewächshaus mit zerbrochenen Fensterscheiben vorbei. Innen drin wuchs ein riesiger Baum, dessen Äste aussahen wie die Klauen eines verzweifelten Gefangenen, der sich durch die kaputten Fenster nach der Freiheit streckte.

»Keine so gute Idee, das im Dunkeln zu machen«, murmelte Nachtschatten.

»Hättest ja nicht mitkommen müssen«, sagte Seth.

Nachtschatten murmelte irgendetwas vor sich hin.

Um ihn herum war nur das Geräusch seiner knirschenden Schritte auf Zweigen und Laub und der Duft feuchter Erde. Und der frische, scharfe Geruch von eisiger Luft kurz vor Tagesanbruch in seiner Nase.

Er stolperte über eine Baumwurzel und verdrehte sich den Knöchel. Aber er humpelte weiter.

»Komm schon. Wir sind fast da.« Nachtschatten strich an seinem Bein vorbei und stürzte sich weiter vor in die Dunkelheit.

Seth holte tief Luft, torkelte nach vorne und konnte trotz der Dunkelheit erkennen, dass sie endlich genau dort waren, wo er hinwollte. Hier wuchsen die Aprikosen.

Nachtschatten hielt ihre Nase in die Nachtluft. »Mach schon, Seth, sonst erfrieren wir noch.«

»Wenn ich einen schrecklichen Fehler gemacht habe, werde ich es zugeben.« Seth hielt die Taschenlampe eisern fest.

Nachtschatten sah ihn an, in ihren Augen spiegelte sich der schmale Mond. »Dann sind wir wohl alle dem Untergang geweiht.«

»Danke, Nachtschatten.« Seth fragte sich, ob er sich je daran gewöhnen würde, dass sie sprechen konnte. »Du bist mir ein großer Trost.«

Sein Herz hämmerte wie wild, als er das Blattwerk beiseiteschob. Er rechnete damit, dass sich etwas Todbringendes um die Früchte gewunden hatte oder eine giftige Beere am falschen Ort der Ursprung allen Übels war.

Das erste Tageslicht half ihm bei der Suche und verwandelte sich am Horizont zunehmend in ein freundliches Rosa.

»Hier ist nichts, Nachtschatten.« Wieder holte Seth tief Luft. »Nur die Aprikosen.«

Ihm wurde leichter ums Herz.

»Okay, tadellose Detektivarbeit«, sagte Nachtschatten. »Aber ich wusste von Anfang an, dass die Nachspeise nicht vergiftet war, als sie die Küche verlassen hat.«

Seth war so froh darüber, dass seine Schritte ganz leicht waren, als sie zurück ins Hotel gingen.

»Danke, Nachtschatten. Du hattest absolut recht. Jetzt weiß ich es ganz sicher.«

»Du solltest immer auf mich hören, Seth, weißt du das nicht? Den wichtigsten Hinweis hast du übersehen. Wie jeder gute Koch hast du die Nachspeise selbst probiert, bevor sie in den Speisesaal ging.«

Seth blieb stehen. »Ach ja, stimmt.«

»Wenn sie vergiftet gewesen wäre, Seth, wärst du jetzt tot. Ist das Beweis genug? Du läufst aber noch immer durch die Gegend. An deinem detektivischen Spürsinn musst du noch arbeiten. Solche wichtigen Tatsachen darfst du nicht übersehen«, schimpfte sie.

»Warum hast du das nicht vorher gesagt?«, fragte er sauer.

»Du warst so scharf darauf, dich zu geißeln, dass ich noch ein bisschen warten wollte. Jedenfalls – bist du jetzt fertig? Dann können wir uns vielleicht darauf konzentrieren, die Spur des wirklichen Täters zu verfolgen. Wir müssen herausfinden, wer da Magie angewendet hat. Los geht's! Finden wir heraus, wer in den Speisesaal geschlichen ist.«

22. Auf der Jagd nach Vogelgesang

Nachtschatten lenkte das Gespräch auf das Frühstück. Und nicht nur ihr eigenes. Ihr war es sehr wichtig, dass Seth keinen Ärger bekam, weil er seine Pflichten vernachlässigte. Sie erinnerte ihn daran, dass er sich, sobald seine Unschuld bewiesen war, gut mit den Bunns stellen musste – wenn »gut« überhaupt ein Wort war, das im selben Atemzug mit den Bunns genannt werden konnte.

Freundlich zankend gingen sie weiter. Nachtschatten widerstand der Versuchung, jedes kleine Rascheln im Laub, das ein potenzielles leckeres Frühstück sein konnte, zu verfolgen. Sie waren schon fast am Hotel, als sie die Nase hob und stehen blieb.

Seth schaute sich vorsichtig um und sah, was Nachtschatten bemerkt hatte – eine Gestalt im Gebüsch. Da war noch jemand anderes früh aufgestanden. Jemand, der etwas sehr Seltsames tat.

Seth wagte es, sich näher hinzuschleichen, und wurde belohnt. Ein heller Lichtstrahl brach durch die schiefergrauen Wolken, die am Horizont heraufzogen, und enthüllte Professorin Papperspuk in ihrer ganzen pompösen Pracht. Sie wanderte durch den Rosengarten, bewegte sich leise und langsam, aber mit einem sehr entschlossenen Gesichtsausdruck, als wäre sie auf der Pirsch. Ihre riesige aufgetürmte Vogelnest-Frisur wippte sanft auf und ab. Sie hielt einen Kescher fest in der Hand.

»Glaubst du, sie zaubert gerade?«, flüsterte Seth.

Aber Nachtschatten interessierte sich gerade viel mehr für Frühstück als für Magie und jagte irgendeiner ahnungslosen kleinen Waldkreatur hinterher.

Ein aufgeschreckter Vogel trillerte in der frischen Morgenluft. Professorin Papperspuk hob ihre spitze Nase und bewegte sich schnell und sicher auf das Geräusch zu. Sie schwang den Kescher durch die Luft und öffnete dann ein Kristallfläschchen, das genauso aussah wie die, die Seth in ihrem Hotelzimmer gesehen hatte. Dann stopfte sie etwas hinein.

Als ein weiterer Vogel zu singen anfing, hob sie wieder den Kopf, der Kescher schwang erneut durch die Luft, und sie verfolgte ihn mit einem entschlossenen Ausdruck auf ihren schnabelförmigen Gesichtszügen.

Obwohl Seth eigentlich ins Hotel zurückwollte und Angst hatte, mit irgendjemandem zu sprechen, wollte er doch zu gern wissen, was sie da machte.

»Guten Morgen, Professorin Papperspuk.«

Sie drehte sich um und traf Seth mit dem Kescher beinahe am Kopf. Als sie ihn erkannte, lächelte sie.

»Ein wunderbarer Wald. Nichts als Bäume, so weit das Auge reicht.« Sie atmete die frische Luft tief ein.

»Die meisten Leute beschweren sich allerdings darüber.«

»Erstaunlich.« Als der rosa Glanz am Himmel sich langsam auflöste, fingen immer mehr Vögel an zu singen. »Willst du mir dabei helfen, Vogelgesang einzufangen? Wenn ich Glück habe, bekomme ich ein ganzes Morgenkonzert. Großartig.«

»Ich?«, fragte Seth überrascht. »Ich ... Gerne. Wenn ich das kann.«

»Du musst nur schnell sein, den Kescher hier festhalten, lauschen und dann: herabstoßen! Im Sturzflug!« Der Kescher war erstaunlich leicht, obwohl er so groß war.

Eine aufgescheuchte Amsel zeterte ihn an.

»Nein, nicht so, als wolltest du Kaulquappen fangen, sondern als würdest du einen riesigen Hecht für dein Abendessen angeln. Genau! Genau so. Du hast es!«

Seth gab sein Bestes. Die Vögel um ihn herum schienen alle gleichzeitig zu rufen. Unmöglich, sie auseinanderzuhalten. Es war, als würde jemand ein Konzert dirigieren. Professorin Papperspuk spornte ihn an, und er schwang den Kescher wieder und wieder durch die Luft. Schließlich nahm sie ihn Seth ab und steckte ihre große Nase hinein. »Ich glaube, du hast einen.«

Seth schaute zu, wie sie den Netzsack in ein Fläschchen stupste.

»Habe ich wirklich etwas gefangen?«

»Ja, hast du, Seth.«

»Wow.« Er dachte daran, wie er in ihrem Zimmer den Stöpsel

aus dem Fläschchen gezogen hatte und der Gesang eines Vogels herausgekommen war. Aus einem winzigen Fläschchen. Hatte er wirklich gerade Gesang eingefangen? »Magie ist – na, sie ist einfach toll!«

»Meine magischen Kräfte sind begrenzt und von einer sehr seltenen und speziellen Art.« Die Professorin zuckte bescheiden mit den Achseln. »Leider tun manche Leute mein Lebenswerk schnell ab.«

»Ich finde es großartig. Ist es schwer zu erkennen, ob etwas wirklich magisch ist?« Fischadler hatte Dunster-Dunstables Illusionen verhöhnt und als faulen Zauber abgetan. Und alle hier nahmen an dem Auswahlverfahren teil, bei dem sie ihre magischen Kräfte unter Beweis stellen mussten.

Die Professorin kicherte so sehr, dass ihr Doppelkinn wackelte. »Nun, ich kann kein Zimmer betreten und mit bloßen Händen einen Feuerball erschaffen. Manche können das. Ich kann noch nicht mal ein Zimmer betreten und einen Stuhl in einen Giftpilz verwandeln.«

»Können manche Leute das wirklich?«, fragte Seth mit großen Augen.

»Magie drückt sich bei jedem unterschiedlich aus.«

»Dass so jemand wie Miss Trottelbohne in die Lehre gehen kann, klingt großartig.«

Sofort verschwand das Lächeln aus Professorin Papperspuks Gesicht. »Es ist eine ungeheure Beleidigung.«

»A-aber ... warum? Kreuz und quer durchs Land zu reisen, um Menschen anzuwerben, die vielleicht nur einen Funken magischer Kraft besitzen. Ich ... ich fand das heldenhaft von Dr. Thallomius.«

»Heldenhaft?« Von Professorin Papperspuks freundlicher Art war nichts mehr zu spüren. Sogar der Kescher hing schlaff herab. »Das öffnet Tür und Tor für Betrüger und Opportunisten. Wo soll das noch enden? Und das Schlimmste ist, dass es noch nicht mal alles war.«

»Graf Ruino meinte, dass er versucht hat, die Welt der Magie zu retten«, mühte Seth sich ab.

Professorin Papperspuk trat einen Schritt näher. Der Turm ihrer bunten Haare wippte. »Graf Ruino wurde hereingelegt.« Das Klopfen eines Spechts lenkte sie für einen kurzen Moment ab, sie schwang den Kescher durch die Luft und schaute dann frustriert hinein. »Er war ein schrecklicher Mensch«, sagte sie und stieß Seth dabei ihren großen Zinken fast ins Gesicht.

»Wie meinen Sie das?«

Sie schwang den Kescher weiter durch die Luft, wieder und wieder, aber mehr im Zorn als in dem Versuch, wirklich etwas zu fangen. »›Gerecht‹ hat er es genannt. Ich nenne es beleidigend. Diesem reizenden Mädchen, Tochter meiner besten Freundin, so etwas zuzumuten. Glorias magische Kräfte anzuzweifeln. Zu prüfen, ob ihr Platz im Elysium rechtmäßig ist. Das alles ist mehr als beleidigend. Ich habe ein gewisses Renommee in der magischen Welt, und ich werde alles tun, damit Gloria den Platz bekommt, der ihr zusteht.«

Ganz allmählich begann Seth zu verstehen. Ihm wurde langsam klar, warum Dr. Thallomius sich mit seinen Reformen bei den Magiern nicht gerade beliebt gemacht hatte. »Sind Sie und Graf Ruino bei der Prüfung dabei, weil auch Sie Ihre Magie unter Beweis stellen müssen?«

»Meine magischen Kräfte sind raffiniert. Sogar Magier haben Schwierigkeiten, sie richtig zu verstehen. Sich nun behaupten und beweisen zu müssen – eine Schande ist das!«

Sie fluchte und untersuchte ihren Kescher näher. Dann beugte sie sich zu ein paar Sträuchern runter, die von riesigen, klebrigen und taubenetzten Spinnweben überzogen waren. Vorsichtig entfernte sie eins und heftete es an ihren Kescher. Erst jetzt sah Seth, dass der Kescher zur Gänze aus Spinnweben gemacht war. Die Professorin stürzte davon und pirschte auf eine große Eiche zu, die begann ihre Blätter zu verlieren. Dabei murmelte sie vor sich hin: »Niemand, am wenigsten dieser schreckliche Mensch, wird meine Chancen auf dieses Morgenkonzert verderben. Dieser nervtötende Specht ist mir eben entkommen. Wenn die Spechtmeisen doch bloß etwas redseliger wären.«

Dann wandte sie sich um, sah, dass Seth ihr noch fasziniert folgte, und drückte ihm etwas in die Hand. »Ich glaube, dafür findest du einen besseren Platz.«

Sie schloss seine Finger um etwas, dass knorrig und rau war. Er hoffte auf eine kleine Kapsel voller Vogelgesang. Das hätte er wunderbar gefunden, aber als die Professorin sich mit hocherhobenem Kescher davonmachte, schaute er sich das Ding an – es war nur ein ungewöhnliches Stück Holz. Er betrachtete es genauer. Es war nicht einfach ein Stück Holz, sondern eine sehr große und bemerkenswerte Nuss, knubbelig und mit einer interessanten Maserung.

Hier draußen wuchs ja alles Mögliche, aber so was hatte Seth bisher noch nie gesehen. Woher stammte diese Nuss?

Er eilte der Professorin hinterher.

»Sie ist auf mich draufgefallen, als ich aus dem Foyer gekommen bin«, sagte sie über die Schulter. »Ich habe einen Moment gebraucht, bis ich kapiert habe, was es ist. Da hat wohl jemand«, sie drehte sich um und zwinkerte ihm zu, »versucht, sie loszuwerden, und sie hat sich im Gebüsch verfangen.«

Seth schaute zurück auf das Hotel, dessen Außenmauern eine knorrige Glyzine bedeckte. Aber was hatte eine große Nuss im Gebüsch zu suchen? Sie wuchs da doch gar nicht. Hatte sie jemand aus dem Fenster geworfen?

Die Bunns und Henri wohnten im zweiten Stock, direkt über dem Foyer. Angelique Squerr und Fischadler waren direkt darunter untergebracht. Die beiden Zimmer neben ihnen waren unbewohnt. Seth sah noch einmal auf die Nuss.

»Ich weiß nicht, wie du es hingekriegt hast, aber gut gemacht. Vertrau mir.« Wieder zwinkerte sie ihm zu. »Ich werde kein Wort sagen.« Sie tippte sich an die Nase, kicherte und folgte dem Gesang der Vögel.

Warum hatte die Professorin ihm die Nuss gegeben?

Und er hätte zu gerne gewusst, warum sie ihm zugezwinkert hatte.

23. Die wunderbare Farbe von Vergissmeinnicht

Seth sah hoch und wusste, gleich war es so weit: der wunderbare Moment, wenn das rosa Licht der Morgendämmerung durch die Bäume bricht. Bald würde der ganze Himmel in Flammen stehen, lebendig sein, eine kurze Freude aus allerschönstem Kirschrot und dann Erdbeeren, die zu Orangen wurden.

Er liebte diese Tageszeit, besonders im Herbst, wenn die reifen Früchte dufteten. Ein ebensolches Glück war es, mitzuerleben, wie der Wald unter seiner verschlafenen Nebelwolke erwachte. Der Nebel stieg dann langsam empor und gab Millionen von Blättern preis. Ihr Gewand unterschied sich so sehr von ihrem Sommergrün, dass alles ganz anders aussah als sonst. Aber das war die Schönheit des Waldes. Jeden einzelnen Tag gab es etwas Neues zu sehen, es wechselte sogar von Stunde zu Stunde. Und blieb trotzdem immer gleich.

Dieser Tage war das Hotel ein so stiller Ort geworden. Die

einzigen Menschen, die sich hierhin verirrten, waren derart desorientiert im *Wald der verlorenen Hoffnung,* dass sie das Glück eines einladenden Bettes und einer späten Tasse heißen Kakaos kaum fassen konnten. Seth dagegen hatte den Wald schon immer geliebt. Sobald man sich an die Stille gewöhnt hatte, war das endlose Flüstern der Bäume zu hören, in das dann die Vögel einstimmten. Und schließlich das Rufen und Knacken der wilden Tiere, die mit aller Macht ihrem Tagewerk nachgingen. Man begriff, dass fast alles dort draußen zwar leise war, aber trotzdem grausam.

Langsam ging Seth weiter. Unter der Blätterdecke wurde die Erde langsam weich. Er bückte sich nach ein paar Pilzen, die über Nacht hervorgeschossen waren. Es war die beste Tageszeit, um sie zu sammeln. Wäre das Hotel so ausgestorben wie sonst gewesen, hätte er den Rest des Tages glücklich damit verbracht, nach Essbarem zu suchen und sich Rezepte auszudenken, die er dann heimlich ausprobiert hätte.

Er steckte gerade einen anständigen Vorrat an Pilzen ein, als er eine schemenhafte Gestalt bemerkte, die neben einer Mauer hockte. Er und Professorin Papperspuk waren anscheinend nicht die einzigen Frühaufsteher.

Aber warum war die persönliche Assistentin von Dr. Thallomius schon so früh unterwegs? Und was machte sie da eigentlich? Seth war neugierig geworden.

Kauernd erhob Angelique ihren Spazierstock. Seth schien es, als würde er direkt auf ihn zeigen, und er duckte sich, als sie einen spektakulären zischenden blauen Blitz abschoss.

Er traf das Fenster und verwandelte sich in einen sanften Wasserfall aus hellem blauen Licht. Seth zuckte zusammen und rechnete damit, dass das Fenster zerspringen würde. Doch das Licht strömte darüber hinweg, und in der frostigen Morgenluft nahm das Glas den wunderbaren Farbton von Vergissmeinnicht an.

Angelique trug weder das raschelnde Seidenkleid von gestern Abend noch ihren blutroten Umhang. Sie hatte einen dunklen Anzug an, ein rotes Hemd und Schuhe, die nicht gerade dafür geeignet waren, im Matsch zu hocken. Sie hielt noch immer ihren Stock erhoben, und Seth sah, wie sie eine hauchdünne Taschenlampe in ihre rote Handtasche steckte. Also war Angelique schon draußen gewesen, bevor es hell wurde.

Seth schlich sich näher heran, da knackte ein Zweig unter seinem Fuß. Es war so laut wie ein Pistolenschuss.

Aber Angelique holte nur ihr Notizbuch aus der Handtasche, zog die Stirn in Falten und notierte etwas.

Seth stieß einen erleichterten Seufzer aus, aber er glaubte noch nicht, dass er ungeschoren davongekommen war. Angelique schrieb weiter, und Seth überlegte schon, ob er sich weiter vorwagen sollte. Er wollte schließlich sehen, was sie da schrieb.

»Na, spionierst du neuerdings den Gästen hinterher?« Sie nahm ihn mit ihren scharfen, dunklen Augen ins Visier.

»Äh«, stammelte er. »Also, was machen Sie denn da?«

Sie steckte ihr Notizbuch weg. »Ich habe zuerst gefragt«, sagte sie, stand auf und sah auf ihn herab. »Schon so früh unterwegs?« Es klang wie eine Anschuldigung.

»Es ist so ein wundervoller Garten«, brabbelte er drauflos. »Egal, was man gerade braucht – man findet es. Und das ist seltsam, denn natürlich sind Äpfel zu einer anderen Jahreszeit reif als Erdbeeren.«

Angelique ließ die silberne Spitze ihres Spazierstocks aufschnappen, und Seth musste sich schon wieder ducken, denn kornblumenblaue Funken regneten durch die kalte Morgenluft. Sie schienen eine grelle Sekunde lang in der eisigen Luft stehen zu bleiben, dann ergossen sie sich über die Mauer direkt vor ihm.

Hingerissen verfolgte Seth den Schimmer der blauen Kristalle. Er schwebte für einen Moment in der Luft, dann löste er sich auf. Angelique prüfte währenddessen missbilligend die Spitze ihres Spazierstocks und ließ sie zuschnappen. »Zeig ihn mir.«

Sie liefen im Gleichschritt. Die Sonne ging auf und verbreitete eine wohlige erste Wärme. Ihr rosa Schein hinter den dunklen Umrissen der Bäume ließ den Wald aussehen, als stünde er in Flammen. Der Boden war uneben, Angelique nahm ihren Spazierstock zu Hilfe.

»Lesen Sie da irgendwas ab mit Ihrem Stock? Ist das ... Magie?«, fragte Seth zaghaft.

»Wenn du es genau wissen willst: Ich wurde in den Knöchel gebissen«, sagte Angelique gereizt.

Seth schämte sich, denn er hatte offenbar die ganze Zeit auf ihr Bein gestarrt. Stammte der Biss von einem Monster oder bloß von jemandem, der sich gegen sie zur Wehr setzen wollte?

»Das tut mir leid. Dann ist Ihr roter Spazierstock eine magische Erfindung?«

»Das ist ein Prophetoskop. Und es ist sehr empfindlich.«

»Darf ich es mal ansehen?«

Sie zog es sofort von ihm weg. »Ich habe gesagt, es ist sehr empfindlich.«

Obwohl sie so unfreundlich reagiert hatte, zeigte Seth ihr den Weg zurück, vorbei am Gewächshaus. Dabei konnte er kaum glauben, dass sie einfach so durch seinen Garten gingen – wie er das jeden Tag seines Lebens getan hatte – und sich dabei über Magie unterhielten, als wäre es die normalste Sache der Welt.

»Was ist ein Prophetoskop überhaupt?«

»Es folgt jeder Welligkeit von Magie, auch wenn sie schon abgestanden ist.«

Seth hätte gerne gewusst, warum um alles in der Welt man jeder Welligkeit von abgestandener Magie folgte; stattdessen fragte er: »Wie ist es denn, magische Kräfte zu besitzen? War das bei Ihnen schon immer so?«

»Magie ist eine komplizierte Angelegenheit.« Angelique zuckte mit den schmalen Schultern. »Es ist ein bisschen wie Kochen, Seth.« Sie sagte das mit einem strahlenden Lächeln, als würde sie mit einem Idioten sprechen. »Manche gehen genau nach Rezept, und es funktioniert trotzdem nicht. Andere glauben, dass man das gewisse Etwas haben muss, eine Veranlagung. Und welche Art magischer Kräfte man hat, ist ganz unterschiedlich. Aber auch die einfachste Magie muss monatelang studiert und eingeübt werden, bis sie perfekt ist. Magie ist vor allem harte Arbeit.«

Harte Arbeit. Seth konnte sich kaum vorstellen, dass Magie irgendetwas anderes als unglaublich aufregend war. »Und dieses Auswahlverfahren – oh, macht es Ihnen was aus, dass ich so viele Fragen stelle?«

Angeliques Antwort war ein tiefer, müder Seufzer.

Sie wühlte in ihrer roten Handtasche herum, die sie immer mit sich trug. Dann hielt sie ihm etwas auf ihrer Handfläche unter die Nase.

»Das könnte dir helfen.«

»Was ist das?«

»Du bekommst es, wenn du beim Auswahlverfahren einigermaßen gut abschneidest. Wenn du beweist, dass du den magischen Funken wirklich besitzt und ins Elysium aufgenommen wirst. Du kannst erst mal meine haben.«

Seth spähte mit klopfendem Herzen in ihre Handfläche. Er erwartete etwas Wundervolles, Magisches.

Es sah aus wie eine rote Kreditkarte, glatt, flach, glänzend und rechteckig.

»Äh – was ist das genau?«

»Das? Das ist das Tor zur Magie.«

24. Bücher über Bücher

Seth starrte auf die kleine, glänzende Karte in Angeliques Handfläche. Er war nicht gerade beeindruckt.

Doch die Karte begann zu wachsen. Erst verzerrt, dann immer deutlicher formte sich ein Bild heraus, als würde man in ein winziges Zimmer schauen.

»Etwas Wertvolleres gibt es für einen Magier nicht. Egal, ob die magischen Kräfte angeboren sind, egal, für wie gut du dich hältst – kein Magier sollte je aufhören zu lernen. Magie in den Händen von jemandem, der nicht lernt und nicht weiß, was er tut – das ist wirklich gefährlich. Das hier ist ein Bibliotheksausweis.«

»Ernsthaft?« Seth wollte schon lachen. »Ein Bibliotheksausweis? Sie machen das Auswahlverfahren mit wegen einem Bibliotheksausweis?«

Angelique schnaubte und warf ihr Haar zurück. »Es ist eine unglaubliche Ehre, einen Bibliotheksausweis für das Elysium zu bekommen. Eine Eintrittskarte zur geheimen Sammlung magischer Texte. Ist das nicht unglaublich aufregend? Nichts auf der Welt ist so großartig, so überraschend und wundersam wie das, was du in einem Buch entdecken kannst.«

Seth schaute noch einmal auf die Karte. Sie wuchs weiter. Da war ein wunderschöner alter Raum voller Licht, mit gewölbter Decke. Er schien unermesslich groß, ja unendlich zu sein. Uralte Karten und Globen fielen einem ins Auge. Am beeindruckendsten war aber die schiere Menge an Büchern. Regal um Regal, Stapel um Stapel türmten sie sich auf, eine Art Skyline aus Büchern.

Seth konnte sich nicht sattsehen. Es war ein bewegtes Bild. Fast so, als könnte man einfach eintreten.

Obwohl es noch früh war, wandelten Leute zwischen den Stapeln umher, zogen Bücher aus den Regalen, blätterten durch die Seiten und setzten sich an lange Holztische, um zu lesen. Um Magie zu studieren.

»Ist das auch ein magischer Apparat?«, fragte Seth voller Ehrfurcht. »Von Dr. Thallomius erfunden?«

»Das hat Dr. Thallomius nicht erfunden, aber ja, es ist ein magischer Apparat.«

Mit den Fingern ging sie einen schmalen Pfad zwischen zwei turmhohen Bücherstapeln entlang, bewegte sich auf ein Regal und dann auf ein Buch mit grünem Rücken zu. *Die Aufklärungskriege – eine kurze Geschichte der magischen Welt*. Bisher hatte Seth alles nur mit den Augen verfolgt, aber nun konnte er nicht länger widerstehen und fuhr mit seinem Finger über die Oberfläche. Ungläubig schaute er zu, wie das Buch aus dem Regal glitt, sich drehte, sodass er den Umschlag sehen konnte, und auf ihn zuschwebte. Es wurde größer und kam immer näher und näher und –

Angelique schlug seinen Finger weg. Das Bild verschwand.

Sie machte irgendetwas, das er nicht sehen konnte, und legte die Karte zurück in ihre Handtasche. Aber dann gab sie ihm etwas. Das Buch.

Voller Staunen nahm Seth es, hielt es fest, spürte das raue Grün des Umschlags und das Gewicht der Seiten. Der Geruch des Papiers erzählte ihm, dass es gerade seinen behaglichen Platz zwischen seinesgleichen hatte verlassen müssen.

Es war exakt das Buch, dass er sich angeschaut hatte. Aber war das nicht einfach ein Bild gewesen, das Angelique in ihrer Hand gehalten hatte? »Es fühlt sich an wie ein richtiges Buch.«

»Ja, Seth. Es *ist* ein richtiges Buch. Aber es ist auch – ach, schau dir einfach die letzte Seite an.«

Als Seth bis zur letzten Seite geblättert hatte, entdeckte er einen kleinen, rauen, dunkelgrauen Stein im Einband.

»Was hat ein grauer Steinbrocken in einem Buch zu suchen?«, fragte Seth und berührte ihn.

»Das ist nicht einfach ein Stein, sondern das ist ein Buch mit einem Wortstein. Eine weitere magische Erfindung. Dann kann man das Buch leichter und schneller lesen.«

Seth nahm den Stein in die Hand. Er sah überhaupt nicht magisch aus. Doch als er ihn berührte, begann er zu leuchten, als hätte man ihn angeschaltet.

Der Stein wurde glatt und flach, dann formte sich das Ende vor seinen Augen um und wurde spitz und so scharf, dass man ihn als Waffe hätte benützen können. Oder um Gemüse in kürzester Zeit klein zu schneiden. Und er nahm eine leuchtend grüne Farbe an, die Seth an Farne erinnerte. Er bestaunte den Stein in seiner Hand, als ihn etwas hochschauen ließ. Ein Stampfen, als würde ein riesiger Elefant auf sie zudonnern.

Etwas kam in fliegender Hast durch die Bäume. Direkt auf sie zu! Seth schaute in den dunklen Wald, schützte seine Augen vor der niedrig stehenden Sonne und sah, dass die Bäume anfingen, sich zu biegen. Äste brachen ab. Etwas Riesengroßes kam auf sie zugetrampelt. Etwas Schreckliches und Gefährliches.

Seth sah Angelique an und öffnete schon den Mund, um etwas zu sagen. Der Wald war dunkel und beherbergte viele Geschöpfe, die er nie gesehen hatte, aber keines, das so groß und laut war. Und es kam immer näher.

Jetzt war Gebrüll zu hören, und zwischen den Baumkronen tauchte ein riesiger Kopf am Ende eines langen Halses auf. Er zuckte wütend hin und her, dann richtete sich ein riesiges, hasserfülltes orangefarbenes Auge direkt auf ihn.

Seth erstarrte vor Schreck. Nicht einen einzigen Muskel konnte er bewegen, geschweige denn wegrennen. Das Geschöpf machte einen langsamen Schritt nach vorne und trat aus dem Wald heraus. Jetzt stand es unter freiem Himmel, nur ein paar Meter von ihnen entfernt, öffnete das Maul, und ein langer, furchterregender Feuerstrahl verwandelte das trockene Laub in loderndes Feuer. Dann wandte es sich Seth zu.

25. Eine von diesen magischen Erfindungen

»Drache.« Seth hatte seine Stimme wiedergefunden, aber es kam nur ein Krächzen heraus.

Er wollte nach Angelique greifen, aber er konnte seine Augen nicht von den rot-goldenen Schuppen abwenden, die im frühen Morgenlicht glänzten. Das Monster senkte direkt vor Seth den Kopf, öffnete das Maul und entblößte zwei Reihen glitzernder, spitzer Zähne. Und wieder spie es Feuer.

Jemand zog an Seth' Hand, und der Drache war weg. Auf einmal war er spurlos verschwunden. Seth blinzelte.

Angelique stand vor ihm und wedelte mit dem Wortstein vor seinem Gesicht herum. »Das ist doch nur eine kurze Episode aus der magischen Welt, Seth. Warum bist du so erschrocken?«

»Drache«, krächzte Seth wieder und hob den Arm, um auf die Baumgruppe hinter Angelique zu zeigen, wo das monströse Geschöpf ein paar Momente zuvor noch gestanden hatte.

Sie blickte über die Schulter und seufzte. »Das war doch kein echter Drache.« Mit einer verächtlichen Bewegung warf sie ihr Haar zurück. »Offensichtlich bist du ganz an den Anfang gegangen. Das Buch reicht wohl bis in die uralten Zeiten zurück, als die Menschen noch Zugang zur Magie der Drachen hatten. Heute ist das so natürlich nicht mehr möglich.«

»Warum nicht?«

»Na, weil Drachen vor Tausenden von Jahren durch die Jagd ausgerottet wurden.« Sie verdrehte die Augen. »Selbst hier am Ende der Welt, in diesem tiefen dunklen Wald, musst du doch mitbekommen haben, dass es keine Drachen mehr gibt. Und jetzt schalte mal einen Gang runter. Vielleicht solltest du das Kapitel überspringen.«

Angelique sah mal wieder ungehalten aus, aber Seth hatte sich mit ihrer ungeduldigen Art inzwischen abgefunden, er hatte sich sogar schon daran gewöhnt.

»Du hast das ja ziemlich schnell kapiert«, sagte sie und konnte die Überraschung in ihrer Stimme nicht verbergen. Sie gab ihm den Stein zurück. Widerwillig nahm er ihn entgegen. Angelique sah ihn neugierig an. »Den meisten Menschen gehen erst mal nur Wörter durch den Kopf, wenn sie ihn benutzen.«

»Und wie schaltet man einen Gang runter?« Seth drehte den Stein um.

»Such nicht nach der Gangschaltung. Du musst ihn mit deiner Gedankenkraft kontrollieren.«

»Wie mit virtueller Realität?«

»Nein, Seth. Das hat mit virtueller Realität nichts zu tun. Das ist Magie. Überleg dir eine Frage. Überleg dir, was du wirklich von dem Buch wissen willst. Versuch es.«

Zaghaft umschloss Seth den Stein mit der Hand. Er versuchte zu machen, was Angelique gesagt hatte, und an das zu denken, was er von dem Stein erfahren wollte. *Denk nicht an den Drachen.*

Aber er konnte nur daran denken, wie unglaublich aufregend es war, dass er gleich Magie betreiben würde. Er versuchte sich zu beruhigen.

Sie gingen weiter und erreichten den Baum, an dem die Aprikosen in Hülle und Fülle wuchsen. Angelique legte gleich los, hob ihren Spazierstock und schickte einen Funkenregen über den Aprikosenbaum. Seth dachte an das Auswahlverfahren. Langsam bekam er immer mehr über die Welt der Magie mit. Viel wusste er aber trotzdem noch nicht. Wenn er je herausfinden wollte, wer das Verbrechen begangen hatte, musste er alles verstehen.

Die von Dr. Thallomius eingeführten Reformen hatten offenbar zu einem Aufstand geführt, gefolgt von einer großen Schlacht. Das konnte der Grund sein, warum jemand von den Hotelgästen ihn umbringen wollte.

Seth schloss seine Finger fest um den Stein und machte die Augen zu.

Er spürte etwas neben seinem linken Ellbogen und drehte sich um. Als er die Augen wieder aufmachte, sah er eine kleine Gestalt neben sich. Sofort erkannte er sie. Dr. Thallomius.

26. Das Ende der Magie

Vor Schreck ließ Seth den Stein fallen.

Das Abbild verschwand sofort. Angelique, die gerade die Sträucher in Augenschein nahm, drehte sich nicht einmal um. »Ist der Drache wieder da?«

»Nein, äh, Dr. Thallomius«, stammelte Seth.

Ihm war schon irgendwie klar, dass es nur eine Erscheinung gewesen war. Trotzdem machte es ihn traurig und gleichzeitig ängstlich.

»Ah ja. Natürlich, er muss ja in dem Buch sein. Hast du eine Frage über ihn gestellt?«

Seth nickte. Er dachte an die wundervolle magische Bibliothek, an die Stapel von Büchern. »Wenn Dr. Thallomius also in dem Buch ist – können wir dann mit ihm sprechen? Ihn fragen, wer ihn ermordet hat?«

Angelique stieß einen weiteren Seufzer aus. »Es ist ein magischer Apparat, der das Lesen sehr viel einfacher macht, Seth.

Aus diesem Buch erfährst du kurz und knapp die Geschichte der magischen Gemeinschaft bis hin zu der Sache mit den Vermissten, wahrscheinlich Explodierten. Aber du erfährst eben nur das, was in dem Buch steht.« Sie gab ihr typisches ungeduldiges Schnaufen von sich. »Ich dachte ja, es wäre einfacher, wenn du es selbst erlebst, und ich es dir nicht nur erkläre. Warum versuchst du es nicht noch mal?«

Seth hob den Stein auf und nahm ihn locker in die Hand. Dann griff er fester zu, er war jetzt auf das Erscheinen von Dr. Thallomius vorbereitet. Ruhig sagte er sich, dass es nur ein Abbild war, nichts Echtes. Etwas aus einem Buch hatte sich in ein Bild verwandelt, mehr nicht. Er hielt den Stein fest in der Hand.

Der Wald verblasste und wurde durch ein kleines Zimmer mit großen Fenstern ersetzt. Dort nahm Dr. Thallomius gerade an seinem Schreibtisch Platz.

Seth beobachtete ihn aus einer Ecke des Zimmers; die Bäume, die Sträucher, Angelique, alles war nach und nach verschwunden. Zurück blieb Seth, der Dr. Thallomius dabei beobachtete, wie er nachdenklich die Hände zusammenpresste.

»Was unsere schwindende Welt der Magie dringend braucht, sind junge, frische, enthusiastische Leute, die bereitwillig trainieren und hart arbeiten wollen«, sagte Dr. Thallomius.

Er schien Seth gar nicht zu bemerken. Nachdenklich betrachtete er einen Stapel Schriftstücke. Er hatte einen lilafarbenen Füllfederhalter in der Hand, zögerte und warf dann einen Blick auf etwas neben Seth.

»Alle wissen es, aber keiner hat den Mut, es zu tun.« Wo war das Augenzwinkern geblieben? Dr. Thallomius sah ernst aus. »Ich werde eine Anwerbungskampagne starten.«

»Willst du damit sagen, dass du alle und jeden ins Elysium einlädst?«

Die Stimme neben Seth ließ ihn zusammenfahren. Er konnte niemanden sehen, meinte aber, die Stimme des Grafen zu erkennen.

»Genau so ist es!«, sagte Dr. Thallomius. »Früher gab es uns Magier überall. Und jetzt gibt es nur noch so wenige von uns, dass die Menschen unsere Existenz vergessen haben. Sie glauben schon gar nicht mehr an Magie.« Dr. Thallomius schüttelte traurig den Kopf. »Wir müssen handeln. Wenn wir nicht das ganze Land nach den besten und vielversprechendsten neuen Mitgliedern absuchen – wo wird das dann enden? Wir brauchen leidenschaftliche und talentierte Neulinge, frisches Blut. Wir müssen jeden, aber auch jeden aufspüren, der das kleinste Fünkchen echter Magie besitzt, und dann müssen wir dafür sorgen, dass das gefördert wird, und zwar in die richtige Richtung.«

Er sah so aus, als würde er dazu einen Kommentar erwarten. Schließlich kam tatsächlich eine Antwort:

»Damit machst du dir möglicherweise einige der einflussreichsten magischen Familien zum Feind.«

Dr. Thallomius kicherte trocken. Dann setzte er den Füllfederhalter an, aber seine Hand zögerte noch immer über dem dicken Stapel Papier. »Ich weiß, dass mein Vorschlag die Leute verärgern könnte. Aber die Magie droht auszusterben – welche

Wahl haben wir da noch? Jemand muss den Mut haben, etwas zu unternehmen. Und zumindest wird uns niemand vorwerfen können, dass unsere Vorgehensweise nicht gerecht wäre. Alle haben die gleiche Chance.«

»Das verstehe ich nicht. Was genau hast du vor?«

Dr. Thallomius stand auf und begann in dem kleinen Büro auf und ab zu gehen, die Hände hinter dem Rücken, das Kinn nach vorn.

Seth trat einen Schritt zurück. Er hatte Angst, das Abbild zu verlieren, sollte er mit Dr. Thallomius zusammenstoßen.

»Wir müssen die Regeln für den Eintritt ins Elysium ändern. Jeder, der auch nur eine Nase für Magie hat und den Willen zum Erfolg, sollte die Möglichkeit bekommen, egal, wo er herkommt. Sich einfach darauf zu verlassen, dass die Magie an die Nachkommen weitergegeben wird, ist ein Fehler. Magie ist so viel komplexer. Sie geht verschlungene Wege.«

»Wenn ich das richtig verstanden habe, wird dein Vorschlag sehr ... unpopulär sein.«

»Ich schlage ein Verfahren vor, bei dem alle die Möglichkeit bekommen, ihre Eignung unter Beweis zu stellen. Für alle werden die gleichen Regeln gelten, und alle werden dieses Verfahren durchlaufen. Nur wer besteht, wird eingeladen, offizieller Teil unserer magischen Gemeinschaft zu sein. Wir nennen es ›Auswahlverfahren‹.«

Stille. »Du willst jeden an diesem Auswahlverfahren teil-

nehmen lassen? Auch jene, die einen vermeintlich rechtmäßigen Platz beanspruchen? Und diejenigen, die langjährige Mitglieder der magischen Gemeinschaft sind?«, sagte die Stimme leise. »Da wirst du mit Widerstand rechnen müssen. Das könnte sogar gefährlich werden.«

»Lieber rette ich die Welt der Magie, als dass ich beliebt bin.« Dann schwieg Dr. Thallomius und schaute in Richtung der Stimme, die ihn gewarnt hatte.

Er schlug mit der Hand auf den Stapel Papier. Goldene Funken stoben aus seinen Händen, und er strich Asche von dem obersten Blatt.

»Das Elysium muss aufhören, ein Privatklub für magische Familien zu sein. Die Magie stirbt aus. Es gibt keinen anderen Weg. Entweder ein Auswahlverfahren – oder das Ende der Magie.« Diesmal schlug er mit der Faust auf den Tisch.

»Das ist der mutigste Vorschlag, den ich seit einer ganzen Generation gehört habe.«

Dr. Thallomius lächelte grimmig, setzte sich wieder hin, nahm den Füllfederhalter und setzte mit schwungvoller Bewegung seinen Namen unter den Text. »Danke dir. Ich bin sicher, alle werden einsehen, dass es das Beste ist. Alles wird gut.«

Das Abbild verblasste. Seth steckte den Stein in eine seiner vielen Kitteltaschen. Es dauerte einen Moment, bis er die vertrauten Bäume wieder klar sehen konnte. Und Angelique, die da stand und auf ihn wartete.

»Dr. Thallomius hat es sich nicht leicht gemacht, stimmt's?

Sind deswegen Leute wie Ruber Centranthus gegen ihn? Und das Problem ist weniger sein Plan, neue Lehrlinge anzuwerben, als dass er die alten magischen Familien zwingt ihre Fähigkeiten unter Beweis zu stellen?«

Angelique schaute ihn so lange an, dass ihm ganz unbehaglich wurde. »Unser General-Magier war ein mutiger Mann.«

»Er hat nur nicht begriffen, wie wütend manche der Magier sein würden, oder?«

Angelique wandte sich um und ging Richtung Hotel zurück. Seth folgte ihr. Jetzt war er noch trauriger darüber, dass Dr. Thallomius mit all seinen mutigen und fairen Vorhaben tot war.

Schweigend gingen sie nebeneinanderher. Seth entdeckte winzige grüne Blätter mit unverwechselbar gezackten Rändern. Ein Kraut, das er brauchte und gesucht hatte. Er pflückte etliche Blätter und steckte sie in seine Kitteltaschen.

»Machst du so was öfter?«

»Äh, ja«, antwortete Seth und spürte Angeliques durchdringenden Blick. »Ich suche dieses Kraut schon eine Weile, damit mache ich Henri einen speziellen Tee. Gut für seine Verdauung. Haben Sie gefunden, was Sie suchen? Mit Ihrem Prophetoskop?«

»Wenn du sagst, du kannst im Garten alles finden – gilt das dann auch für Wolfseisenhut?«

Seth ließ alles, was er von seinem Vater über Kräuter gelernt hatte, noch einmal Revue passieren. »Das ist kein Heilkraut. Ist es nicht sogar ziemlich gefährlich?« Wieder hatte er das Gefühl, dass er Angelique nicht trauen sollte.

Sie hatte ihm noch immer nicht wirklich gesagt, was sie da mit ihrem Spazierstock machte. Zwar hatte sie ihm erklärt, dass der Stock jeder Welligkeit von Magie folgte, aber was meinte sie überhaupt damit?

»Nur, wenn es in die falschen Hände gelangt, Seth. Könntest du mir welches besorgen?«

»Wahrscheinlich.«

»Und was ist mit Augentrost?«

»Wenn ich will. Aber Sie sollten wirklich nicht ...«

»Und Meerzwiebeln – nicht zu viel, nur eine Prise. Wie lange brauchst du, um das zu finden?«

»Das weiß ich nicht genau. Wofür brauchen Sie das alles?«

Sie wich seinem Blick aus.

»Kann ich das Buch behalten?«, fragte er.

Angelique zögerte. »Oh, von mir aus. Aber es läuft auf meinen Bibliotheksausweis, also nicht zu spät zurückgeben oder verlieren oder beschädigen. Mach einfach gar nichts damit, okay?«

»Aber lesen darf ich es? Und wenn ich Ihnen diese Kräuter zusammensuche und Sie nichts Böses damit anstellen, sagen Sie mir dann endlich, was Sie da die ganze Zeit mit Ihrem Prophetoskop machen?«

»Etwas Böses? Ich?« Sie rümpfte die Nase. »Was um alles in der Welt meinst du damit?« Schnell schaute sie sich um. Sie hatten schon fast das Hotel erreicht. »Seth, ich muss mit dir reden. Erinnerst du dich, wie ich gesagt habe, du bist vielleicht der Einzige, der mir helfen kann?«

»Weil ich schon so lange hier lebe?«

Sie nickte. »Ich bin mir sicher, dass du alle Antworten kennst.«

Mit ihren intelligenten braunen Augen warf sie ihm einen langen durchdringenden Blick zu. Einen Moment lang hatte er das unbehagliche Gefühl, dass sie alles über das schwarze Buch wusste.

»Ich hab eigentlich keine Ahnung.«

»Nun, wenn du mir versprichst, es niemandem zu erzählen – und ich meine wirklich niemand, das ist sehr wichtig –, dann erkläre ich dir, was ich gemacht habe oder vielmehr versucht habe. Denn es gibt hier so vieles, was ich nicht verstehe. Und du kannst mir helfen, Seth. Eigentlich *musst* du mir helfen.«

»Okay, okay, schon verstanden. Sie können mir vertrauen, Miss Squerr.«

Er wünschte, es wäre so.

»Ich habe abgelesen. Die Magie-Stände.«

Seth konnte sie nur verständnislos anblicken.

»Genauer gesagt, ob in letzter Zeit Magie angewendet wurde. Das hinterlässt ein Mal in der Luft. Für die meisten Leute ist das unsichtbar. Aber es schlägt Wellen. Und die zeigt mir mein Prophetoskop an.« Angelique strich sich die auffällig rote Strähne in ihrem dunklen Haar hinters Ohr. »Seth, als wir uns das erste Mal unterhalten haben, hast du gesagt, dass du noch nie von Magie gehört hast.«

»Ich weiß.«

»Aber Seth«, Angelique las noch mal das Ende ihres Spazierstocks ab, »hier ist überall Magie.«

Seth blieb stehen und konnte sie nur mit großen Augen ansehen. »Ja, hier sind magische Gäste – wegen des Auswahlverfahrens.«

»Nein, das meine ich nicht. Es passt nicht zu dem, was meine Ergebnisse sagen.«

»Ihr Prophetoskop? Dann muss es defekt sein.«

Beleidigt richtete Angelique sich auf. »Defekt? Es ist nicht defekt. Du musst mir helfen, Seth, denn irgendwas stimmt nicht. Die Magie hier, sie ist aktiv. Hier gibt es weiterhin Magie, die ich nicht wirklich …« Angelique kaute auf ihrer Unterlippe, dann redete sie weiter, eigentlich mehr mit sich selbst. »Es ist verzerrte Magie. Anders kann ich es nicht beschreiben. Als würde jemand in diesem Hotel eine Art von Magie anwenden, der ich noch nie begegnet bin.«

27. Unsere Kandidaten

Eine Art von Magie? Seth merkte, wie sein Herz schneller schlug. Das konnte doch nicht wahr sein, oder?

Aber er hatte keine Zeit, seine Gedanken zu sortieren oder noch mehr Fragen zu stellen. Ein leichter Morgenwind trug den Duft von frischem Kaffee her, gefolgt von Inspektor Zinnkrug. Er sah frisch und adrett aus, als wäre sein Anzug gerade gebügelt und das Haar gekämmt worden. Er trug ein Tablett voller Tassen.

»Ich bringe Kaffee und schlechte Nachrichten«, rief er und stellte das Tablett auf einem der langen Tische ab, die auf der Terrasse vor dem Salon standen.

»O nein«, sagte Angelique und schlug sich die Hand vor den Mund. Ihre Augen waren weit aufgerissen. »Es ist nicht noch jemand …?«

»Ich muss gestehen, dass ich wohl gestern Abend alle Kekse aufgegessen habe. An einem so hellen und windigen Morgen will man nichts lieber, als gleich mit der Arbeit loslegen. Und ein Keks hilft da immer. Wenn man denn einen hätte.«

»Ich backe gleich welche.« Seth wollte an ihm vorbeischlüpfen. Ihm wurde ganz übel, als er an all die Arbeit dachte, die jetzt in der Küche auf ihn wartete.

Inspektor Zinnkrug legte ihm beruhigend eine Hand auf den Arm. »Heute, Mr Seppi, sollst du mit mir zusammenarbeiten. Auch wenn wir tapfer ohne Kekse durchhalten müssen.«

Seth wollte eigentlich vorschlagen, dass sie drinnen bequemer aufgehoben wären als hier draußen an diesem feuchten, kühlen Morgen. Dort, wo die Sonne noch nicht hingekommen war, lag überall Raureif. Sie saßen sonst nur im Hochsommer an diesem langen Tisch.

Als er sich setzte, merkte er aber, dass es warm war. Eine laue Sommerbrise streichelte sogar seine Wangen. Er schaute Inspektor Zinnkrug an. Hatte er dafür gesorgt, dass es hier warm war? War das Magie?

»Du, Seth«, setzte Inspektor Zinnkrug an, »hast dafür gesorgt, dass ich kaum geschlafen habe. Oder vielmehr war deine überaus beeindruckende Frage von gestern Abend schuld daran.«

»Das tut mir leid, Sir.«

»Miss Squerr!«

Angelique wollte gerade zurück in den Garten gehen.

»Können wir für einen Moment vergessen, dass Sie zum Kreis der Verdächtigen gehören? Ich wäre überaus dankbar.«

Angelique warf ihm einen genervten Blick zu. »Das lässt sich wohl machen. Sie wollen etwas von mir? Worum geht es?« Sie kniff die dunklen Augen zusammen.

»Sie sagten gestern, dass Sie bei dem Auswahlverfahren protokolliert haben. Ich wäre sehr daran interessiert zu wissen, wer welche magischen Kräfte während des Festmahls demonstriert hat.«

Inspektor Zinnkrug goss für alle Kaffee ein. Einladend schob er jedem eine Tasse hin. Angelique starrte kurz vor sich hin, zögerte einen Moment und setzte sich dann. Noch lag Morgentau auf den Stühlen.

Seth beobachtete, wie Nachtschatten von ihrer Jagd nach Frühstück zurückkehrte und unter den Tisch schlüpfte. Sie war bereit zuzuhören, zu lernen, genau wie er.

Seth überlegte, was er denn gestern so überaus Beeindruckendes gesagt hatte. Aber was Angelique ihm offenbart hatte, lenkte ihn zu sehr ab. Der Mörder von Dr. Thallomius musste jemand aus der magischen Welt sein. Jemand, der hierhergekommen war, um am Auswahlverfahren teilzunehmen?

Wie konnte es sein, dass es hier im Hotel anscheinend immer schon Magie gegeben hatte?

Und wie oft hatte er schon gedacht, dass der Garten magisch war? Aber wirklich ernst gemeint hatte er das nicht ...

»Deine Frage, Seth – ›wurde dieser Mord mithilfe von Magie begangen?‹«, sagte Inspektor Zinnkrug und unterbrach seine Gedanken. »Das war fast genau die Frage, die ich mir selbst auch gestellt habe. Denn ansonsten ist es ein unmögliches Verbrechen. Und eigentlich gibt es so was gar nicht.«

Angelique trank ihren Kaffee und schüttelte nachdenklich den Kopf. »Aber genau in den fünf Minuten, in denen man in das verschlossene Zimmer kommen konnte? Dazu braucht es wahrlich beachtliche magische Kräfte.«

Eine Tür knallte und Fischadler kam auf die Terrasse gestampft. Er zwirbelte seinen Schnurrbart, strich sich den grünen Anzug glatt und fragte vorwurfsvoll: »Warum ist der hier nicht hinter Schloss und Riegel?« Empört funkelte er Seth, dann Angelique an. »Und warum trinkt sie Kaffee?«

»Es freut mich, Ihnen sagen zu können, dass es nicht zu spät für eine weitere Tasse ist«, antwortete der Inspektor.

Fischadler sah noch immer empört drein, ließ sich aber eine Tasse Kaffee geben.

»Nun, wir haben uns gerade darauf geeinigt, alle Meinungsverschiedenheiten beizulegen. Zeit, sich zusammenzutun. Zunächst möchte ich ein, zwei Details prüfen.«

Fischadler stöhnte auf und legte den Kopf in die Hände.

»Also, Miss Squerr saß genau neben der Nachspeise, die im allerletzten Moment reingebracht wurde?«, fuhr Inspektor Zinnkrug fort.

Alle nickten.

»Nach dem Hauptgang hatten alle die Gelegenheit, ihre magischen Kräfte zu demonstrieren«, sagte Angelique. »Ich habe mich die ganze Zeit nicht vom Fleck gerührt. Ich habe protokolliert und, tut mir ja leid, aber niemand ist an mir vorbeigegangen und in die Nähe des kleinen Tisches gekommen. Dann war es Zeit für die Nachspeise und –«

»Wer hat Dr. Thallomius die Nachspeise gereicht?«

Seth fiel auf, dass Angeliques Kehle zitterte, als sie flüsterte: »Das war leider ich.« Sie schüttelte ihre Haare zurück und trommelte mit ihren langen roten Fingernägeln auf den Tisch. »Gregor«, sagte sie klar und deutlich, »als das Essen da war, wurde der Speisesaal offiziell verschlossen, weil das Auswahlverfahren vorbereitet wurde. Er stand dann fünf Minuten lang leer. Ich möchte gerne wissen, ob wir ausschließen können, dass das Gift in diesem Zeitraum in die Nachspeise kam. Wurde die Tür einfach abgeschlossen oder mit einem Abwehrzauber belegt, um sie vor magischer Intervention zu schützen?«

»Natürlich mit einem Abwehrzauber. Denkst du, ich würde das Wichtigste vergessen?«, sagte Fischadler verächtlich. Er fand Angeliques Frage ganz offensichtlich unverschämt. »Der Speisesaal war fest verschlossen.«

»Aber wirkte der Abwehrzauber im gesamten Raum?« Angelique war hartnäckig. Fischadler zögerte. »Na gut, nein«, knurrte er. »Ich habe nur darauf geachtet, dass niemand die Tür manipulieren konnte. Mr Bunn und ich hatten die Schlüssel zu den beiden Schlössern. Wir waren nach fünf Minuten wieder zurück. Das ist einfach Teil des Prozederes. Sämtliche Belege, die die Kandidaten mitbringen, sollen vor neugierigen Blicken nicht-magischer Menschen geschützt werden. Manche Magier sind sehr geheimnistuerisch, wenn es um ihre Kunst geht oder überhaupt darum, dass sie magisch sind. Der Zauber war ganz sicher nicht gebrochen, als Mr Bunn und ich die Tür wieder aufgemacht haben.«

Inspektor Zinnkrug hüstelte diskret. »Ich würde sagen, wir vergessen mal, dass Dr. Thallomius eine politische Figur mit mächtigen Feinden war.«

»Vergessen?«, wiederholte Fischadler und lachte hohl auf.

»Ich versuche immer, so wenig wie möglich an Politik zu denken.«

»In meinen Augen ist es richtig, sich erst einmal auf das Verbrechen selbst zu konzentrieren«, sagte Angelique.

»Aber wir wissen doch, dass es nur der Küchenjunge gewesen sein kann!«, blaffte Fischadler.

Ein Rascheln hinter ihnen und der wohlvertraute, furchterregende Geruch von gebügelten Laken und Rum kündigte Norrie Bunn an.

Gleich würde seine schreckliche Chefin dafür sorgen, dass er für seinen fatalen Fehler bezahlte: Zum ersten Mal in seinem ganzen Leben hatte Seth seine Pflichten vernachlässigt.

Er wollte schnell aufstehen, aber Norries Griff um die Stuhllehne war so fest wie ein Fangeisen. Die Stimme, mit der sie zu den Gästen sprach, war dagegen honigsüß.

»Ich kann mich nur für Seth' Manieren entschuldigen. Er ist nicht gut ausgebildet, und die jüngsten Ereignisse haben ihn aufgewühlt. Eigentlich müsste er wissen, dass er sich von den Gästen fernhalten soll.«

Seth spürte ihre knochigen Finger an seinem Rücken. Sie zog den Stuhl so plötzlich zurück, dass er fast heruntergefallen wäre.

»Was zum Teufel spielst du hier für ein Spiel, Junge?«, donnerte Norrie Bunn, und ihr Rum-Atem stieg ihm in die Nase.

»Meinst du, die Gäste wollen ihre Zeit mit einem Küchenjungen verbringen?« Dabei schenkte sie den anderen ein höfliches, gezwungenes Lächeln.

Wieder versuchte Seth vergeblich aufzustehen ...

»Meine liebe Mrs Bunn, könnten wir vielleicht noch etwas Kaffee haben?«, fragte Inspektor Zinnkrug höflich und schwenkte die Kaffeekanne.

Blitzschnell wandte Norrie Bunn den Kopf und warf ihm einen strengen Blick zu. »Seth wird sich sofort darum kümmern. Und nicht nur darum – schließlich werden unsere hungrigen Gäste jeden Moment nach ihrem Frühstück verlangen. Und mein Küchenjunge hat sich seit gestern nicht an seinem Arbeitsplatz sehen lassen. Wir sind ein bisschen im Rückstand.«

Sie hielt Seth' Handgelenk so fest, dass er dachte, seine Knochen würden brechen.

»Das ist in der Tat sehr lästig, Mrs Bunn«, sagte Inspektor Zinnkrug höflich. »Ich kann verstehen, dass Sie den jungen Seth unbedingt wieder in der Küche haben wollen.«

Norrie versuchte Seth wegzuzerren.

»Und ich bin beeindruckt, wie gut Sie damit umgehen, einen berüchtigten Giftmörder in Ihrer Küchenmannschaft zu haben.«

Mrs Bunn ließ Seth so schnell los, als hätte sie sich verbrannt. Entsetzt schaute sie ihn an und wandte sich Inspektor Zinnkrug zu. Ihre sonst strenge Miene wurde unsicher.

Inspektor Zinnkrug schaute auf die riesige Uhr an seinem Handgelenk.

»Sind Sie sicher, dass Seth einen meiner Gäste vergiftet hat?«, zischte Norrie. »Ich habe gehört, dass Sie es gestern auf meine Tochter schieben wollten.«

»Seien Sie versichert, dass die Ermittlungen voranschreiten, aber im Moment haben wir keinen Grund, jemand anderes zu verdächtigen.«

»Ich sollte jetzt wirklich in der Küche helfen«, sagte Seth.

Inspektor Zinnkrug schüttelte leicht den Kopf und runzelte nachdenklich die Stirn. Er wandte sich an Fischadler. »Ich denke, jemand sollte anbieten auszuhelfen.«

Entgeistert zeigte Fischadler auf sich selbst: »Ich?«

»Das ist überaus freundlich von Ihnen – Mrs Bunn, Mr Fischstäbchen hilft Ihnen. Sagen wir, in fünf Minuten?«

Seth konnte kaum fassen, dass Mrs Bunn einfach so davontrippelte. Er setzte sich wieder hin, obwohl Angeliques Lächeln nichts Gutes verhieß.

»Seth hat sich schon sehr eifrig mit der magischen Welt befasst«, verkündete sie. »Jetzt zeig, dass du gut aufgepasst hast. Es ist genau der richtige Zeitpunkt.«

Seth' bekam ein ganz heißes Gesicht. Alle sahen ihn erwartungsvoll an.

»Äh.« Er räusperte sich. »Nun. Magie ist selten. Sie ist komplex. Sie kann dunkel und gefährlich sein. Man muss aufpassen, denn es gibt verschiedene Arten von Magie, und manche davon sind ... grauenvoll. Und es dauert ewig, bis man überhaupt die Grundzüge beherrscht. Deswegen gibt es wahrscheinlich nicht so viele Magier.« Er kratzte sich am Kopf.

»Ziemlich gut, Seth. Schön, dass du tatsächlich aufgepasst hast«, sagte Angelique.

Seth wandte sich an Inspektor Zinnkrug: »Als Sie gesagt haben, dass ich fast die gleiche Frage gestellt habe wie Sie sich selbst, da ging es Ihnen nicht darum, ob hier Magie im Spiel war. Sondern da haben Sie schon überlegt, wessen magische Kräfte stark genug für das Verbrechen sind.«

Inspektor Zinnkrug strahlte. »Genau das habe ich gedacht! Deswegen beziehe ich Sie mit ein, Miss Squerr.« Er rieb sich die Hände. »Fahren wir fort. Miss Squerr, Sie haben protokolliert. Und ich kann mich daran erinnern, wie Sie gesagt haben, dass Dr. Thallomius den ganzen weiten Weg hergekommen ist, um einen Haufen nicht sehr vielversprechender Kandidaten zu beurteilen. Also ... berichten Sie uns über die Kandidaten, bitte. Mal sehen, ob wir schlau daraus werden.«

Angelique schwieg erst einmal. Mit ihrem schicken roten Füllfederhalter klopfte sie auf die Tischplatte. »Sie glauben, einer von ihnen führt uns hinters Licht? Und besitzt mehr magische Kräfte, als er oder sie preisgibt? Glauben Sie, jemand hat sich hier reingeschummelt? Und tut so, als wäre er ein Anfänger?«

»Nehmen wir einmal an, das ist möglich. Man könnte es das perfekte Verbrechen nennen«, sagte Inspektor Zinnkrug. »Zum Glück liebe ich Herausforderungen.«

28. Ein anderer Weg?

Angelique nahm ihr rotes Notizbuch heraus und schlug es auf. »Graf Ruino hat einen einfachen Zaubertrank für das allgemeine Wohlbefinden vorgestellt. Ein paar Gläschen der farblosen Flüssigkeit, die er Brom nennt, und man bekommt ein warmes Glücksgefühl und glaubt, dass alle um einen herum Freunde sind.«

»Klingt wunderbar«, sagte Inspektor Zinnkrug. »Dieser Brom wird bestimmt gut ankommen. Ich würde ihn nehmen.«

Die Tatsache, dass der Graf einen Zaubertrank brauen konnte, ließ Seth aufhorchen. Das konnte viel bedeuten.

»Hm«, fuhr Angelique fort. »Ich würde sagen, keine besonders starken magischen Kräfte. Aber es ist so unglaublich schwer, das zu beurteilen.« Sie seufzte. »Dr. Thallomius konnte das so gut.«

»Professorin Papperspuk – ausgewiesene Vogelkennerin, insbesondere mit der Fähigkeit, sich mit ihnen zu unterhalten«, höhnte Fischadler und wippte auf seinem Stuhl. »Ich glaube kaum, dass Sie auf diese Art Verdächtige ausschließen können. Seth besitzt zum Beispiel keinerlei magische Kräfte.« Er bedachte Seth mit einem abgrundtief unfreundlichen Lächeln.

Seth machte das ganz nervös, und er versuchte, das Thema zu wechseln. »Ich glaube, Mr Bunn hat mal Vögel gehalten. Er hat noch einen kleinen Vogelkäfig, was seltsam ist, weil er Haustiere streng verbietet. Ich habe Professorin Papperspuk heute Morgen geholfen, Vogelgesang einzusammeln. Es war sehr interessant.« Fischadler warf ihm einen langen, fragenden Blick zu, bevor er sich wieder an Inspektor Zinnkrug wandte und knurrte: »Trottelbohne war wohl ein Reinfall, nicht wahr?«

»Aber war ihr Großvater nicht ein berühmter Magier?«, fragte Seth.

Angelique schnitt eine Grimasse. »Miss Trottelbohne gab vor, einen Antigravitations-Staub erfunden zu haben, was aber von Anfang an nicht besonders glaubwürdig war.«

»Warum nicht?«, fragte Seth.

»Antigravitations-Staub? Das wäre Magie ersten Ranges. Wenn Miss Trottelbohne sich in ihrem Alter schon auf diesem Niveau befinden würde, wäre das unglaublich. Man muss studieren und hart arbeiten, um Magie zu perfektionieren. Ich dachte, das hättest du verstanden«, sagte Angelique.

»Sie meinen, sogar Leute, die aus magischen Familien kommen, versuchen sich ins Elysium reinzumogeln?«

Angelique nickte kurz. »Es ist nicht gesagt, dass man die Magie von seinen Eltern erbt.«

»Was Miss Trottelbohne angeht, ist sie ziemlich wütend darüber, dass die Magie in der Familie sie komplett übergangen hat«, sagte Fischadler gedehnt.

»Aber wie hat sie es geschafft, die Erfindung eines Antigravitations-Staubs vorzutäuschen?«, hakte Seth nach.

»Miss Trottelbohne hatte Sprungfedern in den Schuhen. Das war leicht zu erkennen.«

Seth erinnerte sich an die Schuhe mit den extra-dicken Sohlen; als er Glorias Zimmer durchsucht hatte, waren sie ihm aufgefallen.

Immer noch schwirrten tausend Fragen in seinem Kopf herum. Antworten fand er keine, obwohl er sich die ganze Zeit den Kopf zerbrach. Es sah beinahe so aus, als besäße keiner der Gäste genug magische Kräfte, um das Verbrechen begangen zu haben. Wie war Dr. Thallomius denn dann ermordet worden?

»Miss Squerr, das war sehr aufschlussreich«, sagte Inspektor Zinnkrug. »Seth, ich hoffe, du vergisst nicht, dass du mir erneut eine sehr gute Frage gestellt hast. Miss Squerr wird uns, nehme ich an, jetzt die Antwort darauf geben – wer war die geheimnisvolle achte Person beim Auswahlverfahren gestern Abend?«

29. Der achte Platz

Aus dem Gebüsch kam ein Geräusch, alle drehten sich danach um.

Seth fiel nur eine Person ein, die äußerst gut darin war, herumzuschleichen, zu lauschen und dafür zu sorgen, dass er Ärger bekam. Sollte er den anderen sagen, dass wahrscheinlich Tiffany da im Gebüsch lauerte? Aber dann war es wieder still. Bestimmt nur ein Vogel. Angelique sprach weiter, und was sie sagte, überraschte Seth.

»Der achte Platz am Tisch war für keinen Gast bestimmt. Jemand hat uns eingeladen, das Auswahlverfahren hier zu veranstalten, und wollte, dass wir seine Bewerbung für das Elysium beurteilen.«

Langsam begriff Seth, was sie da eben gesagt hatte. »Was? Jemand vom Hotel wollte seine magischen Kräfte demonstrieren? Und hat sich für eine Mitgliedschaft in der Gemeinschaft der Magier beworben? Wer? Wer war es?«, wollte Seth wissen.

»Horatio Bunn.«

»Mr Bunn? Mr Bunn denkt, er beherrscht Magie?«

Deswegen also war Mr Bunn so aufgeregt gewesen – er hatte tatsächlich an dem Festmahl teilgenommen. Und deswegen waren die Kandidaten hierher ins Hotel *Zur letzten Chance* gekommen. Es erklärte außerdem, warum Mr Bunn zuerst um Hilfe gerufen hatte, als Dr. Thallomius starb. Mr Bunn war als Erster zu Stelle gewesen, weil er schon die ganze Zeit im Speisesaal gewesen war.

Wieder raschelte es im Gebüsch, und wieder drehten sich alle um. Diesmal war es unüberhörbar, und Fischadler ging widerwillig nachsehen. Aber er war sofort wieder zurück und schüttelte den Kopf.

Angelique blätterte weiter in ihrem Notizbuch. »Ich hätte gerne gewusst, was du denkst, Seth. Über deinen Chef. Über Mr Bunn.«

Seth dachte einiges über Mr Bunn, aber es würde sie wohl kaum interessieren, wie gemein und faul er war.

»Er hat uns etwas sehr Außergewöhnliches vorgeführt«, sagte Angelique und blätterte in ihrem Notizbuch.

Seth lauschte ihr mit ungläubigem Staunen. Mr Bunn konnte doch nur betrogen haben. Damit er ins Elysium kam, einen Bibliotheksausweis und Zugriff auf all diese wunderbaren Bücher bekam und alles über Magie lernen konnte. Das war bestimmt alles nur ein guter Trick gewesen.

»Was hat er denn gemacht?«, wollte Seth wissen.

»Er hat mit zwei geschnitzten Käfern gezaubert.«

»Henris Käfer«, murmelte Seth. »Er schnitzt sie in seiner Freizeit. Was hat Mr Bunn denn gezaubert?«

»Er hat etwas getan, zu dem sehr wenige Leute je in der Lage wären.« Sie zwirbelte sich die rote Haarsträhne um den Zeigefinger. »Etwas Unglaubliches.« Angelique sah noch mal ganz genau in ihren Notizen nach, bevor sie weitersprach. Nachdenklich runzelte sie die Stirn. »Ich weiß nicht, wie er das gemacht hat. Wenn es ein Trick war, dann ein sehr guter. Es sah jedenfalls aus wie richtige Magie.«

»Was hat er denn mit Henris Tieren gemacht?«

Seth rechnete damit, dass er sie kaputt gemacht hatte. Verbrannt. Oder irgendwas anderes Dramatisches, um Eindruck zu schinden.

»Nur ein einziger Kandidat hatte wirklich beeindruckende magische Kräfte; nur einem würde ich zutrauen, Fischadlers Abwehrzauber zu durchbrechen – deinem Chef.«

Seth platzte beinahe. »Was hat er denn nun gemacht?«

»Personifizierung. Er hat dafür gesorgt, dass sich die Schnitzereien bewegt haben. Er hat sie zum Leben erweckt.«

30. Ärger über Wintergrün

Professorin Papperspuk trat aus dem Salon und kam auf sie zu, gefolgt von der widerwilligen Gloria, die zwei Schritte hinter ihr herschlurfte und dabei am Ärmel ihres Pullovers herumzupfte.

»Ach, wie überaus nett von Ihnen, sich zu uns zu gesellen, Professorin. Darf ich Ihnen einen Kaffee anbieten?«

»Wie lange müssen wir bleiben?«, verlangte die Professorin zu wissen.

»Oder sind Sie eher eine Tee-Trinkerin?«, fragte Inspektor Zinnkrug. »Und ich möchte mich untertänigst dafür entschuldigen, dass es keine Kekse gibt. Dafür übernehme ich die persönliche Verantwortung.« Er bot ihr trotzdem einen Kaffee an.

Professorin Papperspuk sah ihn missbilligend an, nahm die Tasse aber entgegen. »Sie können uns nicht zwingen, hierzubleiben.«

»Da ein Mord geschehen ist, können wir das sehr wohl«, murmelte der Inspektor.

Seth hörte kaum zu. Wie um alles in der Welt konnte Mr Bunn zaubern?

Die Professorin machte ihrem Missmut weiter Luft. »Stehen wir alle unter Verdacht?« Sie wartete die Antwort gar nicht erst ab. »Dann kann ich nur hoffen, dass Sie sich den kleinen Clown, der sich Magier nennt, ganz genau angesehen haben. Als wir anderen nach dem Kartenspiel in unsere Zimmer gegangen sind, um uns umzuziehen, ist er Dr. Thallomius in sein Zimmer gefolgt. Ich habe gehört, wie sie sich gestritten haben.«

»Gestritten?«, fragte Fischadler unsicher. »Worüber?«

»Da wird es einiges gegeben haben. Er ist genau die Sorte Opportunist, dem die Tore des Elysiums jetzt offen stehen. Er wird die magische Gemeinschaft nach Strich und Faden betrügen. Dank Dr. Thallomius und seiner lächerlichen Anwerbungskampagne.«

»Sie gehören nicht zu den Befürwortern der Veränderungen, die Dr. Thallomius eingeführt hat?« Mit einem Knall schloss Angelique ihr rotes Notizbuch.

»Magie gehört in magische Hände«, entgegnete Professorin Papperspuk. Sie richtete sich auf. Ihre Kleider bauschten sich, als würden sich Federn aufstellen. »Die magische Gemeinschaft mit solchen Dilettanten herabzuwürdigen! Torpor Thallomius hatte in jungen Jahren ganz andere Ansichten. Immer mit Wintergrün Trottelbohne zusammen, Übermut ohne Ende, alle beide. Sie haben doch diese berühmte Alarmanlage erfunden, die die

Leute so aufgeplustert hat, dass sie nicht auf demselben Weg flüchten konnten, auf dem sie reingekommen sind. Ermitteln Sie eigentlich auch ordentlich gegen diesen jungen Schnösel? Er hätte die Nachspeise problemlos vergiften können. Das ist genau die Sorte Trick, bei der er glänzen kann. Er geht bestimmt davon aus, dass er nicht zu den Verdächtigen gehört, weil er zu jung und zu klein ist.«

»Wenn es um Gift geht«, sagte Fischadler gedehnt, »spielt weder das Alter noch die Größe eine Rolle.«

Professorin Papperspuk schien ganz steif zu werden. Sie richtete sich noch mehr auf, dabei fing ihre komplizierte und bunte Frisur an zu wackeln. »Wollen Sie etwa andeuten, dass meine Nichte –«

Für Seth war das ein guter Zeitpunkt, um in die Küche zu verschwinden. Er hörte noch, wie Inspektor Zinnkrug vorschlug, sich hinein in den gemütlichen Salon zu verziehen, da bestimmt alle schon Hunger hätten. Sie würden dort auf das Frühstück warten.

Hatte Mr Bunn das Elysium betrügen wollen, um dazuzugehören? Oder konnte er tatsächlich zaubern? Es gab nur einen Weg, das herauszubekommen.

Er musste Mr Bunn finden und durfte ihn dann nicht aus den Augen lassen. Er musste es schaffen.

Das Frühstück war ihm vollkommen egal. Er schlich sich zur Küchentür und lauschte.

»Es ist doch nur Rührei, Engelchen«, sagte Norrie gerade. »Du kannst doch Eier rühren.«

»Warum können Dad und Henri nicht helfen?«, jammerte Tiffany.

»Die Frage ist doch, wo sich dieser Junge rumtreibt! Denkt wieder nur an sich selbst. Wo ist er hin? Verhaftet wegen Mordes. Wenn du mich fragst, ist das nur ein Vorwand, um sich vor der Arbeit zu drücken.«

Es roch verbrannt.

»Sogar Seth könnte Rührei machen, Engelchen.« Norrie klang genervt. »Was genau lernst du eigentlich auf dieser teuren Schule?«

Seth machte sich aus dem Staub, bevor Norrie Bunn entdeckte, dass er hier hinter der Tür stand. Mr Bunn war jedenfalls nicht in der Küche. Wo war er dann? Was hatte er vor?

Seth warf einen kurzen Blick in den Salon, wo die Gäste nun allesamt waren. Er konnte hören, wie sie versuchten, höflich miteinander umzugehen. Aber kein Mr Bunn.

Schnell und beinahe lautlos rannte er in sein Zimmer. Nachtschatten lag in voller Länge ausgestreckt auf dem Bett wie eine dunkle Pfütze und holte etwas Schlaf nach.

Angelique hatte ihm gesagt, dass es hier im Hotel Magie gab, eine Art verzerrte Magie. Wie hatte Mr Bunn es bloß geschafft zu zaubern?

Seth ließ sich nachdenklich aufs Bett sinken. Das brachte ihm einen tadelnden Tatzenhieb ein.

»Ich schlafe nicht. Ich beschäftige mich mit dem Fall«, murmelte Nachtschatten schläfrig.

Seth streichelte ihr weiches Fell.

Er dachte an Angelique und wie sie alles mit ihrem glühenden blauen Licht blitzte. Und dass die Wände des Hotels mit einem bedrohlichen Grollen darauf reagierten.

»Lass mir das Frühstück einfach wie immer im Napf«, murmelte Nachtschatten.

Langsam streckte Seth erst die Hand, dann den Arm in Richtung der längsten Wand des Zimmers aus, dehnte vorsichtig Finger für Finger, fast bis an den rissigen Putz des Dachbodenzimmers. War es möglich, dass hier Magie war? Hier in der Wand?

Nervös spannte er die Finger an und wagte es noch nicht einmal, die Wand zu berühren.

»Hör auf rumzuzappeln«, fuhr Nachtschatten ihn an und versetzte ihm einen weiteren Tatzenhieb.

Seth zog sofort seine Finger zurück.

»Du lässt dich ablenken, Seth. Fischadler will dich immer noch verhaften. Er ist derjenige, den du überzeugen musst. Du musst etwas Belastendes über einen der anderen herausfinden. Sie alle hatten Gründe, Dr. Thallomius loswerden zu wollen. Wer von ihnen war es, Seth?«

Er streichelte Nachtschatten. »Was ist mit Mr Bunn?«

»Der alte Bunn? Ich war unterm Tisch. Ich habe gehört, dass er gezaubert hat. Eine bessere Idee hast du nicht?«

»Es klang wirklich so, als hätte er gezaubert.«

Seth griff nach seinem schwarzen Buch und blätterte wieder durch die Seiten. Seine Augen blieben an einem Bild hängen: eine Art Laterne oder ein winziger Vogelkäfig, aus dem ringsum wunderschöne, helle Lichtstrahlen brachen. Der Leuchtkäfer-Käfig. Eigentlich hatte er ihn schön gefunden. Aber nachdem Angelique meinte, er wolle nicht wissen, wozu der Käfig fähig war, sah das Bild jetzt absonderlich und beängstigend aus. Warum war es überhaupt in dem Buch?

»Also, wie hat er es gemacht?«

Nachtschatten schnurrte nur zufrieden und kicherte kurz.

»Manchmal weiß ich genau, dass die Antworten direkt vor meiner Nase liegen«, sagte Seth und stupste sie an. »Nachtschatten? Ich muss dich um einen Gefallen bitten. Falls Norrie mich erwischt, habe ich keine Chance mehr, Mr Bunn im Auge zu behalten.« Nachdenklich ließ er das Buch aufs Bett gleiten, wieder mal schwirrte ihm der Kopf. »Du könntest am besten an Mr Bunn dranbleiben, er wird es nicht bemerken. Versuch ihn beim Zaubern zu erwischen.«

»Auge auf Mr Bunn beim Zaubern«, sagte Nachtschatten schläfrig. »Gebongt.«

Selbst wenn Mr Bunn bei dem Auswahlverfahren tatsächlich gezaubert hatte, beantwortete das noch nicht seine Frage, wie das Gift in die Nachspeise gelangt war.

Seth machte sich wieder auf die Suche nach Mr Bunn. Er hatte noch einen langen Weg vor sich.

31. Eine explosive Mischung

Doch noch bevor Seth sich auf die Suche nach Mr Bunn machen konnte, wurde er erwischt. Allerdings nicht von Norrie. Inspektor Zinnkrug war es, der ihn abfing und ihn in das Zimmer geleitete, in dem Dr. Thallomius übernachtet hatte. Die Tür ging knarrend auf und führte in ein leeres, ödes Zimmer. Hier hatte ihm Dr. Thallomius die Goldmünze in die Hand gedrückt.

Seth erinnerte sich daran, wie gütig Dr. Thallomius gewesen war, als er gestern noch hier gestanden hatte. Seth spürte einen Kloß im Hals.

Obwohl das Zimmer so verlassen wirkte, duftete es hier drin nach Tee mit einer Prise Gras. Noch standen die beiden Teetassen auf dem kleinen polierten Beistelltisch, an dem die beiden alten Freunde sich unterhalten hatten.

Inspektor Zinnkrug wühlte in seinen Taschen, zog eine riesige Lupe hervor und untersuchte damit die Zimmertür.

»Suchen Sie nach Fingerabdrücken?«, fragte Seth, als Inspektor Zinnkrug anschließend zum Himmelbett ging. Dr. Thallomius' Koffer stand daneben, ordentlich geschlossen.

»Ach, Fingerabdrücke.« Der Inspektor schüttelte den Kopf. »Davon habe ich gehört. Klingt sehr schlau. Ein bisschen schmutzig, denke ich.«

Seth ging zum Beistelltisch und roch an dem Bodensatz in den Tassen. Den stechenden Geruch, den er im Speisesaal gerochen hatte, als Dr. Thallomius tot am Boden lag, gab es hier nicht. Seine Nase sagte ihm, dass in der einen Tasse einfach nur Tee gewesen war und in der anderen irgendein Kraut, wahrscheinlich Pfefferminze.

Inspektor Zinnkrug hatte sich in voller Länge auf dem Bett ausgestreckt. Er war über zwei Meter groß und sogar in diesem riesigen Bett baumelten seine Füße noch über den Rand. Er blätterte durch das Buch vom Nachttisch.

Erst dachte Seth, es wäre ein magischer Text aus der Bibliothek des Elysiums. Aber es handelte sich um einen Krimi von Agatha Christie. Norrie las die manchmal und gab sie dann an ihn weiter. *Das fehlende Glied in der Kette.* Eine jener Geschichten, in der jemand ermordet wurde und sich danach alle beäugten und fragten, wer wohl als Nächstes dran war.

»Sie haben gesagt, Sie brauchen meine Hilfe?«

»In der Tat. Wir suchen nach Hinweisen«, sagte Inspektor Zinnkrug. »Vielmehr hoffen wir, dass Dr. Thallomius uns einen Anhaltspunkt darüber hinterlassen hat, was er hier wirklich zu suchen hatte.«

»Aber er war doch wegen des Auswahlverfahrens hier?«

»Das hat er zumindest behauptet«, sagte Zinnkrug. »Aber die Menschen sagen nicht immer die Wahrheit.«

Inspektor Zinnkrug blickte ihn prüfend an, und Seth bemühte sich, nicht schuldbewusst auszusehen. Er wollte Inspektor Zinnkrug eigentlich alles Mögliche fragen, zum Beispiel was er davon hielt, dass Mr Bunn zaubern konnte. Aber es fiel ihm schwer, dabei so viel verschweigen zu müssen, zum Beispiel die sprechenden Wände. Es war absolut geheim – wie Angelique ihm eingeschärft hatte –, dass sie mit ihrem Prophetoskop das Hotel nach Magie absuchte.

»Du scheinst ja ziemlich vertraut mit Miss Squerr zu sein«, unterbrach der Inspektor seine Gedanken. Seth hatte das mulmige Gefühl, dass er sie irgendwie lesen konnte. »Hat sie dir erzählt, was sie hier wirklich macht?«

»Was sie hier wirklich macht?« Seth dachte an Angelique und ihren Spazierstock. Was hatte sie ihm eigentlich erzählt? Irgendwas mit der Welligkeit von Magie, was er nicht so richtig verstanden hatte. Er hatte ihr versprechen müssen, kein Wort darüber zu verraten, woraufhin sie ihm erzählte, dass sie hier im Hotel Magie aufgespürt hatte. Aber ohne es ihm richtig zu erklären. War das nicht seltsam? Immerhin war sie doch die Assistentin von Dr. Thallomius. Warum hatte sie überhaupt nach Magie gesucht? Und was hatte sie mit der verzerrten Magie gemeint, der sie noch nie begegnet war?

Seth schaute in Inspektor Zinnkrugs hellblaue Augen, schluckte unauffällig und wusste, dass er nach wie vor unter

Verdacht stand. Er sah, wie die Augen des Inspektors dunkler wurden, so als könnte er jeden seiner Gedanken lesen, auch die, die er so ängstlich zu verbergen suchte. Angelique, die mit ihrem Spazierstock durch die Gegend rannte, blaue Funken sprühte und ihn zum Schweigen verdonnert hatte. Fast hätte sie ihn auch erwischt, als er den Leuchtkäfer-Käfig erwähnt hatte. Er durfte auf keinen Fall preisgeben, dass er etwas von unheilvollen magischen Apparaten wusste.

»Du glaubst alles, was sie sagt, nicht wahr?«, fragte der Inspektor jetzt freundlich. »Du vertraust ihr vollkommen?«

Seth dachte einen Moment lang nach.

Er traute Angelique eigentlich überhaupt nicht.

Sein langes Schweigen hatte ihn wahrscheinlich schon verraten. Inspektor Zinnkrug schaute ihn an, seine Augen leuchteten wie ein klarer Himmel.

»Sie hat mir von Ruber Centranthus erzählt, Sir. Wenn er ein allgemein bekannter Feind von Dr. Thallomius ist, können Sie ihn dann nicht verhaften?«

»Hat sie das gesagt, ja? Eigentlich ein guter Plan ihn einzukassieren. Ruber Centranthus hat der MaPo schon einige Kopfschmerzen bereitet. Etliche unerfreuliche Todesfälle gehen auf sein Konto.« Der Inspektor blickte ihn einige unangenehme Sekunden lang an. »Allerdings müssen wir noch ein großes Hindernis aus dem Weg räumen, bevor wir ihn verhaften können: Wir haben keine Ahnung, wer er ist. Manche glauben sogar, dass es ihn gar nicht gibt – dass er nur ein Name ist, um den Kindern Angst einzujagen.«

Der Inspektor beugte sich über Dr. Thallomius' Koffer, öffnete ihn und durchsuchte ihn vorsichtig.

»Ich bin beeindruckt, wie gut du dir schon die Magische Geschichte angeeignet hast, Seth. Mich interessiert, was du darüber denkst.«

»Was ich darüber denke?« Seth suchte nach den richtigen Worten. »Die Politik von Dr. Thallomius hat doch zu einer Schlacht geführt, nicht? Und deswegen gelten jetzt 42 Magier als vermisst, wahrscheinlich explodiert?«

»In der Tat, das ist die traurige Wahrheit.«

Inspektor Zinnkrug hatte sich wieder aufgerichtet und hob jetzt das Wandbild eines Mopses an, um dahinterzuschauen. Nicht zum ersten Mal fragte sich Seth, ob Inspektor Zinnkrug wirklich ein guter Detektiv war. Er wollte unbedingt weg und Mr Bunn finden, anstatt nach Hinweisen zu suchen, an die nur Zinnkrug zu glauben schien.

»Dr. Thallomius war auf der Suche nach würdigen Kandidaten für die Zauberlehre«, sagte Seth vorsichtig. »Aber er hat auch dafür gesorgt, dass alle an dem Auswahlverfahren teilnehmen müssen, selbst diejenigen aus magischen Familien, die ihre Mitgliedschaft im Elysium als rechtmäßig erachten. Er hatte Feinde.«

»Du hast recht. Manche Leute sagen sogar, jeder Spinner, der gerade mal einen Löffel verbiegen kann, hätte unter Dr. Thallomius Zugang zur magischen Welt gehabt. Die Welt der Magier befindet sich in einer dunklen Zeit. Also, du wolltest mir doch helfen zu suchen?«

Seth schaute sich um.

»Das Problem ist, Sir, dass es in einem Hotelzimmer nicht viele Verstecke gibt.«

»Das Problem ist«, sagte Inspektor Zinnkrug, hob die Kissen an und sah unters Bett, »dass jemand hier drin war, seit ich das Zimmer gestern Abend, nachdem alle ins Bett gegangen waren, durchsucht habe.«

Seth schaute sich noch mal um, dann richtete er seinen Blick auf Inspektor Zinnkrug.

»Wir können nur hoffen, dass auch sie keinen Erfolg hatten. Dass sie nichts gefunden haben«, sagte Zinnkrug. »Also, Seth, jetzt bin ich auf dich angewiesen. Was habe ich übersehen?«

Seth sah sich wieder um und wusste nicht, wo er anfangen sollte – das Zimmer sah völlig unberührt aus. »Ähm, woher wissen Sie eigentlich so genau, dass jemand hier drin war?«

»Wegen der vielen Abwehrzauber, die ich spät gestern Abend platziert habe.« Er nahm die Lupe zur Hand und beäugte den Teppich. »Aber jemand hat sie alle durchbrochen.«

»Woher wissen Sie das?«

»Fingerabdrücke sind mir ja unbegreiflich, deshalb habe ich da meine eigenen Methoden.«

Inspektor Zinnkrug schaute wieder durch seine Lupe. Doch allmählich bezweifelte Seth, dass es eine Lupe war und irgendetwas größer erscheinen ließ. Er schätzte mal, dass Inspektor Zinnkrug es für etwas anderes verwendete.

»Ist das wieder so ein magischer Apparat? Einer von denen, die Dr. Thallomius erfunden hat?«, fragte er.

»Magisch ist es wohl, aber es kann mir trotzdem nicht sagen, wer das hier getan hat«, sagte Inspektor Zinnkrug. Seine Stimme wurde dabei immer lauter und klang ungewöhnlich verärgert. »Was wir hier haben, ist der Beweis, dass jemand auf sehr kluge Art und Weise Abwehrzauber durchbrechen kann. Jemand bewegt sich völlig frei durch dieses Hotel, tut, was er will, und geht dorthin, wo er nichts zu suchen hat. Und wenn ich eins hasse, dann ist es, wenn mein Gegner mir einen Schritt voraus ist. Wir müssen ihm zuvorkommen.«

Seth hatte zugesehen, wie der Inspektor alles, vom Bett bis hin zum Koffer, durchsucht hatte, sogar hinter den Bildern hatte er nachgesehen. Was gab es hier bloß zu finden? Wonach suchte er?

Seth stellte sich vor, er wäre Dr. Thallomius, hier in seinem Zimmer. Wenn Inspektor Zinnkrug recht hatte, musste er dringend etwas verstecken. Wenn es noch nicht wiederaufgetaucht war, dann musste es sehr klein sein. Wo konnte es sein?

»Sie haben noch nicht oben auf dem Schrank nachgesehen, Sir.«

»Doch, das habe ich schon.«

»Aber dieser Schrank hat am oberen Rand so eine Art Rille. Ich weiß das, weil ich hier Staub wische. Manchmal bleiben Flusen darin hängen.«

Inspektor Zinnkrug griff nach oben und tastete systematisch von einer Seite zu anderen die Oberfläche ab, griff noch weiter nach hinten, dann hielt er inne: »Aah!«

Seth konnte sehen, dass seine Finger auf etwas gestoßen

waren. Etwas, das klein genug war, um es in der geschlossenen Hand zu verbergen.

Er beugte sich so weit nach vorne, dass seine Nase fast Inspektor Zinnkrugs Hand berührte. Der öffnete die Faust, und beide starrten auf den kleinen Gegenstand. Hell, kurz, dünn, ein bisschen hubbelig und ein wenig verkratzt lag er dort in Inspektor Zinnkrugs Hand.

Was war das?

»Es sieht aus wie ein Knochen ... von einem kleinen Geschöpf.« Seth wollte seinen allerersten Gedanken lieber nicht aussprechen – dass es der Fingerknochen eines Babys sein konnte.

»Liegt das immer da oben?«, fragte Inspektor Zinnkrug.

Seth schüttelte den Kopf. »Auf keinen Fall. Ich putze hier alles, und Norrie Bunn kontrolliert sehr streng. Bei Dr. Thallomius war sie dabei wie besessen. Alles musste zweimal abgestaubt werden, sogar oben auf den Türen. Das lag vor Dr. Thallomius' Ankunft ganz sicher nicht hier. Er muss es selbst da hingelegt haben. Aber was ist das? Ist das etwas Wichtiges?« Es sah so nichtssagend aus.

»Das muss es sein«, sagte Zinnkrug. »Das, was Dr. Thallomius versteckt hat. Und was jemand anderes gesucht hat.«

»Das hier?«

»Das ist der Grund, weshalb Dr. Thallomius in Wahrheit hierher ins Hotel *Zur letzten Chance* gekommen ist.«

Sie starrten beide weiter auf das winzige Ding, das Ähnlichkeit mit einem Zweiglein hatte. Dann betrachtete Seth es näher, und auf einmal konnte er sehen, dass die Kratzer in Wirklichkeit Symbole und Insignien waren. Man hatte sie mit viel Sorgfalt eingeritzt. Aber viel mehr wussten sie dadurch auch nicht.

Inspektor Zinnkrug räusperte sich.

»Ich glaube, das ist ein Schlüssel.«

»Ein Schlüssel, Sir?«

Inspektor Zinnkrug war ganz in Gedanken versunken. »Dr. Thallomius' eigentliches Ziel war also, etwas abzuschließen. Oder aufzuschließen ...« Er kratzte sich am linken Ohr. »Irgendwelche Ideen, Seth?«

Doch bevor Seth antworten konnte, durchschnitt ein gellender Schrei die Luft.

32. Ein Geist im Schlafzimmer

Seth und der Inspektor stürzten in die Richtung, aus der der Schrei gekommen war. Sie waren noch vor Darinder Dunster-Dunstable und Graf Ruino am Treppenabsatz. Als sie in Gloria Trottelbohnes Zimmer ankamen, versuchte Professorin Papperspuk gerade, das Mädchen zu beruhigen.

»Erstaunliche Neuigkeiten«, verkündete Professorin Papperspuk mit gedämpfter, tiefer Stimme. »Dr. Thallomius hat uns mit einer Nachricht beehrt.«

»Wie meinen Sie das?«, fragte der Graf.

»Nachricht?« Fischadler drängelte sich nach vorne. »Er hat Ihnen geschrieben? Steht da etwa, warum er ermordet wurde? Zeigen Sie es mir! Ich will den Brief sehen.«

Professorin Papperspuk wedelte mit den Händen und hielt sie dann über den Kopf. »Nicht so eine Nachricht.« Sie rückte zur Seite und bugsierte die zaghafte Gloria mit ihrem Ellbogen nach vorne. »Sag es ihnen, Gloria.«

Gloria zog ihre weißen Socken hoch und machte sich ganz gerade, als alle in ihr Zimmer drängelten. »Eine Nachricht, nachdem er von uns gegangen ist«, verkündete sie. Erstaunlicherweise klang sie dabei stolz, und ihr Mondgesicht hatte sogar ein bisschen Farbe. »In der Ecke meines Zimmers habe ich eine schemenhafte Gestalt gesehen.«

»Moment mal«, sagte Fischadler mit zusammengekniffenen Augen. »Diese wichtige Nachricht soll von einem Geist sein?«

»Er ist eben eine gepeinigte Seele«, sagte Professorin Papperspuk und schüttelte traurig den Kopf.

»Er ist nicht derjenige, der gepeinigt ist«, murmelte Fischadler.

Wütend richtete Gloria sich auf. »In meinem Zimmer war jemand. Ein Schemen. Ich habe ihn gesehen.« Sie wurde puterrot.

»Und er hat mit dir gesprochen?«, fragte Fischadler skeptisch.

Eine Pause folgte, dann sagte Gloria: »Nicht so richtig.«

»Woher willst du dann wissen, dass es Dr. Thallomius war?«, fragte Angelique, die gerade hereingekommen war. »Konntest du ihn klar erkennen?«

»Gibt es denn irgendwelche anderen unruhigen Geister, die gerade hier herumwandeln?«, gab die Professorin zu bedenken.

»Diese Erscheinung also – hat sie irgendetwas gesagt?«, fragte Fischadler nun spöttisch.

Professorin Papperspuk empörte sich: »Er hat Gloria auserwählt! Wir sollten es noch einmal versuchen und herausfinden, was er uns sagen will.«

»Ich glaube, ich weiß schon, was er mir sagen will«, verkündete Gloria.

»Den Namen seines Mörders?«, mutmaßte Dunster-Dunstable aufgeregt.

Gloria schüttelte den Kopf. »Etwas noch Wichtigeres.«

Fischadler wandte sich an den Grafen. »Was halten Sie von alldem?«

Der Graf hatte sich etwas abseits gehalten. Einen Moment lang schaute er nachdenklich vor sich hin, dann bahnte er sich einen Weg nach vorne zu der rot angelaufenen Gloria.

Er griff nach ihrer Hand. »Ich finde, dass das unglaubliche Neuigkeiten sind. Was für ein Durchbruch! Hat er wirklich versucht zu sprechen?«

»Er war nur ein Schemen, der verschwand sofort wieder.«

»Und es war tatsächlich Dr. Thallomius?«, höhnte Fischadler. »Kleiner Typ? Alt?«

Gloria schaute ihn böse an. »Er war wie ein Schatten. Aber es kann ja nur Dr. Thallomius gewesen sein.« Sie stampfte mit ihrem glänzenden schwarzen Schuh auf. »Ich sag euch, er hat eine sehr starke Verbindung zu meiner Familie.«

»Wo war denn diese Erscheinung?«, fragte Angelique.

Mit einer Handbewegung zeigte Gloria in eine Ecke des Zimmers. Die Blicke aller Anwesenden folgten ihr und richteten sich auf den Teil des Zimmers, der von einem lebensgroßen Porträt beherrscht wurde. Es zeigte eine schwarz gekleidete Frau mit einem verbitterten, missbilligenden Gesicht.

Alle starrten diese gruselige Frau an. Sie sah so aus, als hätte sie in ihrem ganzen Leben nicht eine Sekunde Spaß gehabt. Seth fragte sich, wie man mit so einem Porträt, das einen ständig beobachtete, überhaupt schlafen konnte, und hatte den Eindruck, dass die anderen dasselbe dachten.

»Dieses Gemälde würde jeden erschrecken, da bin ich mir ganz sicher«, sagte der Graf sanft und wandte sich ab.

Aber Angelique begann den Rahmen abzutasten und schaute sogar dahinter. »War der Schemen wirklich im Zimmer?«

»Ich lasse mich doch nicht von einem Porträt verschrecken«, verteidigte sich Gloria.

Angelique wischte mit der Hand über das Gemälde. Seth konnte sich vorstellen, dass sie zu gerne ihr Prophetoskop eingesetzt hätte, aber hier vor den anderen traute sie sich nicht.

Professorin Papperspuk wandte sich aufgeregt an den Grafen. »So eine rasante Entwicklung – Glorias Magie! Ich schlage vor, dass wir ihre Kräfte auf die Probe stellen und schauen, ob sie noch mal mit ihm Verbindung aufnehmen kann.«

»Wie meinen Sie das?« Die Frage kam von Fischadler.

»Wir müssen mit Dr. Thallomius sprechen. Ich schlage vor, dass wir eine Séance abhalten.«

33. Ein Geheimnis

Fischadler lachte bellend, und das fleckige Rot in Gloria Trottelbohnes wütendem Gesicht verwandelte sich in ein kränkliches Weiß.

»Ich bin vielleicht noch jung, und meine magischen Kräfte sind noch nicht gut entwickelt. Aber ich komme aus einer uralten magischen Familie. Ich könnte Ihnen Sachen über den obersten Magier erzählen, die Sie schockieren würden«, sagte Gloria beleidigt, aber mit blitzenden Augen. »Ich weiß, warum er mit mir sprechen will. Ich vermute, er will sich entschuldigen.«

Der Graf wandte sich um. »Wofür?«

Gloria antwortete mit schriller Stimme: »Es wird Zeit, dass ihr auf mich hört. Dr. Thallomius hat sich mit mir in Verbindung gesetzt, weil ich sein Geheimnis kenne.«

»Sein Geheimnis?«, wiederholte der Graf.

Gloria drehte sich im Kreis und stach mit anklagendem Finger in alle Richtungen. »Mein Großvater hat einen der klügsten magischen Apparate seiner Zeit erfunden. Und Dr. Thallomius hat ihn darum betrogen und den ganzen Ruhm geerntet!«

»Verrate nicht zu viel, Liebes«, murmelte Papperspuk und ging auf Gloria zu, die gerade von Graf Ruino und Fischadler umstellt wurde.

»Es reicht, Professorin Papperspuk. Ich habe es satt, auf Ihren Rat zu hören. Sie haben mich gezwungen diese lächerlichen Schuhe anzuziehen.« Sie stampfte wieder mit dem Fuß auf. »Sie haben sich eingemischt und gedacht, ich hätte nicht genug Talent, um durch das Auswahlverfahren ins Elysium zu kommen. Aber ich kann mit meinen magischen Kräften die Toten sehen. Und ich lasse mich nicht um die Anerkennung meiner magischen Begabung bringen.«

»Pass auf, was du sagst«, mahnte Professorin Papperspuk, doch niemand schien so recht Notiz von ihr zu nehmen.

»Welches Geheimnis?«, fragte Angelique.

»Ja, erzähl es uns«, sagte Dunster-Dunstable.

Gloria schaute sich um, faltete die Hände und sagte mit blitzenden Augen: »Jetzt hört ihr also zu.«

Professorin Papperspuk lugte unter Graf Ruinos Arm, der ihr den Weg versperrte, hervor und sagte: »Ich bin mir sicher, sie wollen nicht damit behelligt werden, Schätzchen.«

Gloria ignorierte sie und genoss sichtlich die Situation. »Ihr kennt ja die berühmte Geschichte, wie Dr. Thallomius und mein Großvater, Wintergrün Trottelbohne, in jungen Jahren die allerbesten Freunde waren. Alle amüsierten sich über ihre verrückten Erfindungen, ihre Streiche. Aber wisst ihr, warum sie sich eigentlich zerstritten haben?« Ihre Augen wurden zu schmalen Schlitzen, und ein triumphierendes Lächeln überzog ihr Gesicht. »Es ist eine schreckliche Geschichte.« Gloria kostete den Moment aus. »Dr. Thallomius, dem alle immer so viel Bewunderung entgegenbringen! Nun, es wird Zeit, dass ihr ihn richtig kennenlernt.«

»Nein, Gloria!«, rief Professorin Papperspuk, aber Gloria schien sie gar nicht zu hören.

Der Graf stellte sich ihr in den Weg. »Ich bin der Meinung, wir sollten uns das anhören.«

»Es gibt aber einen Grund dafür, dass das geheim ist«, zischte die Professorin.

»Mein Großvater und Dr. Thallomius haben diesen Apparat erfunden«, fuhr Gloria fort und ignorierte schadenfroh Professorin Papperspuk. »Aber Dr. Thallomius kamen Zweifel, als ihm klar wurde, was sie da erschaffen hatten, welche schrecklich böse Macht das Ding besaß. Dann ist es verschwunden. Torpor Thallomius hat meinen Großvater beschuldigt, es gestohlen und für ein Vermögen verkauft zu haben. Mein Großvater konnte seine Unschuld nie beweisen.« Sie richtete sich kerzengerade auf und sagte mit tiefer und unheilvoller Stimme: »Es hat ihm das Herz gebrochen. Dr. Thallomius hat den edlen und uralten Namen Trottelbohne für immer beschmutzt.«

Professorin Papperspuk konnte sich endlich losreißen und packte Gloria. »Entschuldigt uns, es ist bestimmt besser, wenn Gloria sich jetzt eine Weile hinlegt.« Sie versuchte, alle nach draußen zu scheuchen, aber sie bewegten sich nur widerwillig und hielten den Blick weiter auf Gloria gerichtet. »Sie weiß nicht, wovon sie spricht.«

»Ich muss mich nicht hinlegen.« Gloria versuchte sich von der Professorin loszumachen. »Und ich weiß sehr wohl, wovon ich spreche.«

»Aber was ist es denn?«, fragte der Graf und blieb in der Tür stehen. »Was ist das für ein Apparat, den Torpor angeblich erfunden und der ihm dann Angst eingejagt hat?«

»Wussten Sie nicht, Herr Graf, dass Ihr bester Freund etwas erfunden hat, das Unheil bringt und von allen gefürchtet wird? Eine der absolut bösartigsten Erfindungen in der Welt der Magier. Ihr wunderbarer Dr. Thallomius hat den Leuchtkäfer-Käfig erfunden.«

34. Alle wissen es

Monströse Lüge«, durchbrach eine raue Stimme die bleierne Stille, die auf Glorias dramatische Aussage gefolgt war. Alle wandten sich dem Grafen zu. Inmitten der schockierten Gesichter war er ein Bild des Elends.

»Torpor hat diesen infernalischen Apparat niemals erfunden. Dazu wäre er gar nicht in der Lage gewesen. Er hat sich immer gegen den Missbrauch von Magie ausgesprochen, gegen jegliche Form schwarzer Magie. Gegen all das hat er immer gekämpft.«

»Wir wissen, wofür er steht, Boldo«, sagte Inspektor Zinnkrug und klopfte ihm beruhigend auf den Rücken. »Wir wissen alle, was für ein großer Mann er geworden ist.«

»Geworden ist?«, fragte der Graf unsicher. Er wandte sich an Angelique. »Sie haben eng mit ihm zusammengearbeitet, Miss Squerr. War er nicht der netteste, der großzügigste Mensch? Hat er nicht dem magischen Volk geholfen, das Beste aus seinen magischen Kräften zu machen? Und die Magie für das Gute einzusetzen – war das nicht der Grundsatz seines gesamten Lebens? Er hätte es niemals vermocht, etwas so Abscheuliches zu erfinden.« Vor Aufregung zitterten ihm die Hände.

»Nun, wer kann nicht von sich sagen, dass er in seiner Jugend etwas von immenser tödlicher Kraft und Brutalität erfunden hat?«, wandte Inspektor Zinnkrug besänftigend ein, als wäre das etwas Beruhigendes. »Zeig mir einen begabten Magier, und ich zeige dir einen Magier mit Geheimnissen. Manchmal entsteht Größe erst dadurch, dass man in jungen Jahren den falschen Weg gegangen ist.«

Plötzlich hätte Seth am liebsten laut aufgelacht, so groß war die Anspannung. Er konnte es gerade noch unterdrücken und rettete sich in ein Hüsteln.

»Glaubt ihr wirklich, dass seine frühen Erfindungen böse waren? Ihr glaubt, dass er tatsächlich etwas so Monströses erschaffen hat, der Erfinder dieser Abscheulichkeit war – des Leuchtkäfer-Käfigs?«, fragte der Graf fassungslos.

»Ich glaube«, sagte Angelique nachdenklich, »die Magie für das Gute einzusetzen, bedeutet, den großen Verlockungen der schwarzen Magie zu widerstehen, Graf Ruino.«

»Aber wer ist schon gleichzeitig jung und klug?«, sagte Inspektor Zinnkrug leichthin. »Macht man seine Fehler schön früh, ist man in jungen Jahren weise. Sagt man das nicht so, Boldo?« Wieder klopfte er dem Grafen auf den Rücken. »Seine finstere Vergangenheit kann uns doch egal sein.«

Seth schaute den Grafen an. War der Tod seines Freundes

schon verheerend für ihn gewesen, so ließ ihn diese schreckliche Anschuldigung noch mehr zusammensacken.

»Sie sehen so aus, als sollten Sie sich mal hinsetzen, Sir«, schlug Seth dem Grafen vor. »Gehen Sie doch schon mal in den Salon. Ich mache Ihnen einen Tee«, bot er an und erwiderte Inspektor Zinnkrugs Blick mit einem Nicken.

Er war froh, dass er sich davonmachen konnte, obwohl er auch gern gehört hätte, was die anderen Gäste zu Dr. Thallomius' finsterer Vergangenheit sagten.

Aber er hatte seinen eigentlichen Plan – Mr Bunn zu suchen – nicht vergessen. Plötzlich wurde ihm klar, dass Mr Bunn nach Glorias Schrei gar nicht herbeigerannt war. Wo steckte er bloß?

Hoffentlich hatte Nachtschatten mehr Glück gehabt. Wusste sie inzwischen, ob Mr Bunn gezaubert oder getrickst hatte? Hatte sie irgendwas zu berichten?

Bestimmt würde es niemanden im Salon stören, wenn der Tee etwas länger dauerte. Er brauchte kurz Zeit. Wo könnte Nachtschatten jetzt sein? Hoffentlich war sie nicht einfach wieder auf seinem Bett eingeschlafen, sondern verfolgte eine Spur.

Vorsichtig schlich er durch das Foyer und blieb beim Empfangstresen stehen. Ein Wandteppich hing da, auf dem ein Mädchen in einem hübschen gelben Kleid dargestellt war. Dahinter verbarg sich der geheime Eingang zu Mr Bunns winzigem Arbeitszimmer.

War er vielleicht gerade da drin? Seth versuchte sich vorzustellen, wie er dort saß, in magische Texte vertieft, und dabei heimlich Zaubersprüche übte. Könnte er ihn jetzt erwischen? Seit Ewigkeiten hatte er ihn nicht gesehen.

Er schlich hinter den Tresen und lauschte nach irgendwelchen Geräuschen.

Dann schob er den Wandteppich zur Seite und öffnete die winzige Tür so weit, dass er einen Blick hineinwerfen konnte. Das Zimmer war vollkommen dunkel. Niemand durfte diesen Raum betreten. Seth hatte es bisher nie weiter als bis zur Türschwelle geschafft. Er war immer davon ausgegangen, dass Mr Bunn seine Tage hier so unauffällig wie möglich verbrachte – herumlungerte, in Zeitungen blätterte, ein Nickerchen machte.

Aber hatte Mr Bunn in letzter Zeit dort drin vielleicht klammheimlich zaubern gelernt?

»Solltest du nicht in der Küche sein?«, schimpfte eine Stimme hinter ihm.

Seth zuckte zusammen. Er wandte sich um und roch Norries Rum-Atem. Schnell rannte er in die Küche, bevor sie ihn anschreien konnte.

Widerwillig setzte er den Wasserkessel auf. Wie sollte er Zeit finden zu ermitteln? Wie sollte er Mr Bunn finden?

Da entdeckte er ihn.

Er stand hier, genau vor ihm, am Waschbecken und nahm den riesigen Berg Abwasch in Angriff. Allerdings sehr, sehr langsam, fast so, als wäre er in Trance.

Langsam suchte Seth die Tassen und die größte Teekanne, die er auftreiben konnte, zusammen. Immer wieder warf er seinem Arbeitgeber einen Blick zu und überlegte, wie er ansprechen könnte, dass Mr Bunn heimlich Magie ausübte. Wie hatte er die kleinen, geschnitzten Käfer von Henri zum Leben erweckt? Seth brannte darauf, die Wahrheit zu erfahren, aber wie sollte er sie aus Mr Bunn herausbekommen?

Es musste ein Trick gewesen sein, einer, der so gut war, dass er sogar Angelique überzeugt hatte. Aber dass Mr Bunn das hingekriegt haben sollte?

Während er bedächtig eine kleine Kanne mit Milch füllte und zusammen mit dem Tee und den Tassen auf ein Tablett stellte, ging er in Gedanken noch einmal alles durch und versuchte auf die Lösung zu kommen.

Er wandte sich an Mr Bunn und wollte ihn schon fragen, ob er wirklich ein Magier war. Aber dann fiel ihm auf, wie faltig und schlaff sein Gesicht war, während er einen Teller nach dem anderen in dem schaumigen Wasser abseifte. Statt nur den faulen Mann zu sehen, für den er so viele Jahre gearbeitet hatte, versuchte Seth nun angestrengt, einen mächtigen Magier in ihm zu erkennen.

»Ach, Seth. All diese Gäste«, sagte Mr Bunn jetzt, wischte sich die Stirn und hinterließ dabei eine Spur von Seifenblasen. »Sie glauben doch nicht wirklich, dass du den alten Kerl vergiftet hast, oder? Sie wollen dich doch nicht wirklich mitnehmen?«

»Ich weiß es nicht, Sir. Ich weiß vieles nicht. Dieser ganze Ort hier kommt mir immer rätselhafter vor.«

Er nahm das schwer beladene Tablett auf und ging damit hinaus in den Korridor. Angelique, das wurde ihm nun klar, hatte ihm von Anfang an genau das gesagt – dass alle Antworten hier lagen, im Hotel, und zwar schon vor dem Auswahlverfahren. Und dass er eigentlich alle Antworten finden könne.

Aber das hatte er nicht!

Oben auf der Treppe bewegte sich eine Gestalt. Schnell schob Seth sein Tablett auf den niedrigen Salon-Tisch, machte kehrt und schlich die Treppe hinauf.

35. Die Tragödie nimmt ihren Lauf

Er drückte sich in eine dunkle Ecke und schaute zu.

Angelique arbeitete sich Gemälde für Gemälde durch den ersten Stock, tastete jedes Bild systematisch ab. Seth beobachtete fasziniert, wie ein blauer Blitz den Flur erleuchtete und Angelique nachdenklich etwas in ihr rotes Notizbuch schrieb.

»Seth. Was kannst du mir über die Gemälde erzählen?«, fragte sie, ohne von ihrem Notizbuch aufzuschauen.

»Äh, ich ...« Seth trat aus dem Schatten und war peinlich berührt. Die Dame mit dem irren Hut grinste ihn von der anderen Seite des Flurs an.

»Ich weiß gar nichts, wirklich nicht. Aber was machen Sie da, Miss Squerr? Glauben Sie, die Gemälde haben irgendwas mit – irgendwas zu tun?«, schloss er wenig überzeugend.

»Gute Frage, Seth. Glaubst du, es gibt eine Verbindung?«

»Zum Mord?«

»Na, ich dachte, vielleicht sind sie miteinander verbunden.«

Sie biss sich nachdenklich auf die Unterlippe. »Irgendwas ist hier seltsam; noch etwas, das ich nicht verstehe.« Sie steckte das Notizbuch in ihre rote Handtasche und ließ die Spitze ihres Spazierstocks zuschnappen. »Ich sage dir ja die ganze Zeit, dass du mehr weißt, als dir bewusst ist.« Sie kam auf ihn zu, und ihre dunklen Augen blitzten gefährlich. »Ob es wirklich so schlau ist, alles für dich zu behalten?«

Seth dachte daran, wie Angelique das letzte Mal reagiert hatte, als er verriet, dass er doch etwas wusste. Unwillkürlich griff er sich an den Hals, wo sie ihm die Spitze ihres Spazierstocks aufgesetzt hatte. Es ging um den Leuchtkäfer-Käfig. Er hatte ihn erwähnt. Und jetzt musste er riskieren, ihn noch mal zur Sprache zu bringen. Er musste unbedingt wissen, was es mit dem Leuchtkäfer-Käfig auf sich hatte. Und warum er bei allen so ein Entsetzen auslöste.

Angelique hatte ihm erzählt, dass Dr. Thallomius ein wissenschaftlicher Erfinder gewesen war. Und Fischadler hatte bestätigt, dass Dr. Thallomius zusammen mit Wintergrün an Erfindungen gearbeitet hatte.

Aber konnte Dr. Thallomius wirklich etwas von so grauenvoller Magie erfinden?

»Der Leuchtkäfer-Käfig, den Gloria erwähnt hat ... den, den Dr. Thallomius und ihr Großvater erfunden haben ... Was macht der eigentlich Schreckliches? Sie müssen mir jetzt genau sagen, was ein Leuchtkäfer-Käfig überhaupt ist. Was ist daran so entsetzlich?« Angelique holte tief Luft. Aber wenigstens versuchte sie nicht, tödlich aussehende blaue Funken auf ihn niederregnen zu lassen, nur weil er das Wort ausgesprochen hatte. Das überraschte ihn beinahe.

»Es ist ein Gefängnis. Eine besonders grausame Art, einen Magier einzusperren«, sagte sie leise und spielte mit dem Knauf ihres Spazierstocks. »Sein Körper ist gefangen, aber etwas bleibt frei. Seine Magie. Seth, es ist furchtbar. Das bedeutet, wenn jemand einen Magier in einen Leuchtkäfer-Käfig sperrt, hat irgendein anderer Zugang zu seiner Magie.« Seth konnte sich nicht so recht vorstellen, warum das so schrecklich sein sollte. Aber offensichtlich lehrte dieses Gerät die Menschen mit Magie das Fürchten.

Aber was ihn jetzt wirklich beunruhigte, war die Tatsache, dass der Leuchtkäfer-Käfig auch in dem schwarzen Buch auftauchte.

Er ging in den Salon, um die Teekanne aufzufüllen. An der Art, wie Inspektor Zinnkrug, der Graf und Fischadler aufsahen, merkte er, dass sie gerade etwas Wichtiges besprachen.

Angelique war ihm gefolgt und setzte sich in einen der gemütlichen Sessel um den kleinen Tisch. Eine düstere Stimmung beherrschte den Raum inzwischen. Seth überlegte, Holz nachzulegen, vielleicht würde das alle etwas aufheitern.

»Miss Trottelbohne hat uns angeboten, eine Séance abzuhalten, und ich muss sagen, dass das eine wunderbare Idee ist«, sagte Inspektor Zinnkrug. »In einer Stunde, im Speisesaal. Mr Fischadler, kümmern Sie sich um die nötigen Vorkehrungen? Ausgezeichnet!« Fischadler sah darüber nicht besonders glücklich aus, aber er stand auf.

»Mein Gefühl sagt mir, wenn Dr. Thallomius' untoter Geist durch das Hotel wandelt, dann werden wir ihn dort irgendwo ausfindig machen«, sinnierte der Inspektor und trommelte mit den Fingern auf den Tisch. »Ich glaube, das wird sehr aufschlussreich.«

Der Graf nickte schwerfällig. »Alles, was dieses schreckliche Rätsel und Chaos zu lösen hilft.« Er wischte sich die Stirn ab.

Das vertraute Geräusch kleiner Schritte ließ Seth nervös zusammenfahren.

Tiffany trat strahlend in den Salon. Alle wandten sich ihr zu, und Seth wusste, dass gleich etwas Schlimmes passieren würde. Als sie mit einem bösartigen Lächeln auf ihn zukam, wurde ihm angst und bange.

»Ich wollte dir nur ein paar Sachen zeigen. Du findest sie bestimmt sehr interessant«, sagte sie und wandte sich mit einem mädchenhaften Kichern den anderen im Salon zu. »Ich weiß nicht, ob das irgendwie weiterhilft. Ich hoffe es jedenfalls.«

Und bevor Seth auch nur ahnen konnte, was auf ihn zukam, warf sie vor aller Augen das kleine schwarze Buch auf den Tisch.

36. Gilberts extra würzige Gewürzgurken

Seth starrte es an. Da lag es, und er musste sich beherrschen, nicht sofort danach zu greifen. Gleich würde es jemand in die Hand nehmen, das Rezept für den *Aprikosentraum* und das Bild von dem Leuchtkäfer-Käfig entdecken.

Tiffany schaute ihn an, eine widerliche Mischung aus Triumph und Verachtung lag auf ihrem Gesicht. Sie hatte noch etwas anderes mitgebracht, das er wiedererkannte. Und er konnte in einer Art Zeitlupe zusehen, wie sein gesamtes Erspartes in dem alten *Gilberts extra würzige Gewürzgurken*-Glas über den Tisch rollte, seinen lauten Weg fortsetzte, bis es auf den Boden krachte, wo sich alle Münzen über den Teppich verteilten.

Tiffany war in seinem Zimmer gewesen. Dass sie seine Geheimverstecke gefunden hatte, überraschte ihn nicht. Nun lag sein Schatz, seine beiden wertvollsten Besitztümer, vor allen ausgebreitet da. Sogar Fischadler war wieder zurück, als wäre er erpicht darauf, seine Scham und Schande zu sehen.

Tiffany beugte sich vor und nahm die eine Münze, die zwischen allen anderen hervorstach. Sie hielt sie so zwischen ihren Fingern, dass sie im Lichtschein funkelte.

Die Goldmünze, die er von Dr. Thallomius bekommen hatte. Tiffany warf sie Fischadler zu.

»Was ist das?«, fragte der.

»Trinkgeld«, sagte Seth mühsam. Schweiß lief ihm den Nacken hinunter.

»Eine Goldmünze als Trinkgeld für den Topfschrubber?«, höhnte Tiffany.

»Dr. Thallomius hat sie mir gegeben«, sagte Seth leise. »Weil ich ihm Tee gebracht habe.«

Mrs Bunn nahm Fischadler die Münze aus der Hand und betrachtete sie eingehend. »Das ist eine Goldmünze. Hast du eine Ahnung, wie viel die wert ist? Eine Goldmünze? Für einen Tee?« Sie kniff die Augen zusammen, sodass ihr spitzes Gesicht ganz gehässig aussah. Fischadler nahm die Münze zurück, rollte sie zwischen den Fingern und wandte sich an Inspektor Zinnkrug. »Seth hört nie auf zu lügen, nicht wahr?«

Seth schaute Tiffany an und bemerkte, dass ein dunkelroter Blutstropfen von einem kleinen, waagrechten Schnitt an ihrer Wange herunterlief. Wo der wohl her war?

Er bewegte sich langsam auf das schwarze Buch zu. Wenn irgendjemand das Bild von dem Leuchtkäfer-Käfig sehen würde, war er geliefert. Wer würde ihm dann noch glauben, dass er nichts über Magie wusste und nie von Dr. Thallomius gehört hatte?

»Allen hier ist wohl klar, was das ist?«, sagte Tiffany mit zuckersüßer Stimme und nahm die Münze wieder an sich. »Ich fürchte, Seth hat Dr. Thallomius bestohlen. Er hat die Goldmünze gestohlen und wusste, dass Dr. Thallomius ihn als Dieb entlarven würde. Und wisst ihr, was das heißt?« Ihre Augen glühten geradezu vor Freude, ihr Lächeln war breit, und sie bellte ihr schreckliches Lachen: »Jetzt wissen wir, warum Seth Dr. Thallomius getötet hat! Damit er ihn nicht des Diebstahls beschuldigen konnte!«

»Ich habe ihn nicht bestohlen.«

Er musste an das schwarze Buch kommen, bevor irgendjemand darin las.

Aber Tiffany bemerkte, worauf er aus war, und gerade als er es in die Hand nehmen wollte, stürzte sie sich drauf und schnappte es ihm weg.

»Und was haben wir hier?« Sie hielt das zerfledderte schwarze Buch, das nur von einem einzigen roten Faden zusammengehalten wurde, in der Hand.

Seth fiel auf, dass sie auf dem Handrücken parallel laufende Kratzer hatte, voller winziger Blutstropfen, die zu dem Schnitt in ihrem Gesicht passten. Es sah aus, als hätte sie sich geprügelt ... und Seth kannte nur einen Gegner, der solche Spuren hinterließ.

Er kochte vor Wut. »Was hast du mit meiner Katze gemacht?«, sagte er wutentbrannt mit zusammengebissenen Zähnen.

Aber sie hatte schon angefangen, durch das Buch zu blättern. Ihre Augen leuchteten vor Schadenfreude, und sie begann einige der geheimnisvollen handschriftlichen Notizen und Kritzeleien vorzulesen. Alle wussten, was Seth leider nicht sofort bemerkt hatte – dass das Notizbuch voller schwarzer Magie war.

»Oooh, was haben wir denn hier, das ist ja hochinteressant! Ein Bild von etwas, das sich ›Leuchtkäfer-Käfig‹ nennt. Das ist ja wirklich sehr fiese Magie, Seppi – was hast du dazu zu sagen?«

Der Ausdruck auf ihrem Gesicht sprach Bände – Seth konnte sehen, dass sie die Situation in vollen Zügen genoss.

»Ein Leuchtkäfer-Käfig?« Fischadler runzelte die Stirn und schaute ins Buch.

»Was hast du mit meiner Katze gemacht?«, rief Seth wieder.

Tiffany kniff ihre leuchtend blauen Augen zusammen: »Oh, keine Sorge. Ich habe mich um sie gekümmert. Das dreckige Vieh wird dir keinen Anlass mehr geben, Essen aus der Küche zu stehlen, Seppi.«

»Was für Machwerke schwarzer Magie hältst du noch versteckt? Leer deine Taschen!«, verlangte Fischadler.

Seth' Kittel hatte viele Taschen. Und viele Lederbeutel hatte er auch, um draußen im Garten Kräuter zu sammeln. Die legte er auf den Tisch, sowie ein Knäuel Bindfaden, einen Brieföffner und eine winzige Taschenlampe. Auch einen Kartoffelschäler, den hatte er ganz vergessen. Und ziemlich viele Pilze kamen noch dazu. Dann tastete er in einer seiner tiefsten Taschen und fand etwas so Merkwürdiges, dass er noch nicht einmal wusste, was es war.

Er zog es heraus und betrachtete es nachdenklich, bis ihm einfiel, wo er es herhatte. Es war die seltsame Nuss, die sich im

Gebüsch verfangen hatte und auf Professorin Papperspuk gelandet war.

Als er sie jetzt in der Hand hielt, entdeckte er etwas Überraschendes. Sie hatte einen Deckel. Ein als Nuss getarntes Fläschchen, dachte er. Noch interessanter.

Er gab es Fischadler, der es beäugte und den Deckel öffnete.

Der Duft, der aus dem Fläschchen entwich, erinnerte Seth sofort an den schrecklichen Moment des Vorabends, als die Tragödie um Dr. Thallomius im Speisesaal ihren Lauf genommen hatte. Die schockierten Gesichter um seine Leiche, die am Boden lag. Und dieser Geruch! Es war der Geruch, den er jetzt mit dem Tod verband.

Professorin Papperspuk hatte ihm das getarnte Fläschchen gegeben. Erst jetzt verstand er, warum sie ihm zugezwinkert und ihn gelobt hatte.

Sie hatte wohl gedacht, er hätte es aus dem Fenster geschmissen, bevor es sich im Gebüsch verfangen hatte. Sie wollte ihm dabei helfen, es zu vertuschen.

Seth öffnete den Mund, wollte sich verteidigen, aber er brachte kein Wort heraus. Der entschlossene Ausdruck in Fischadlers Augen sagte ihm, dass auch er ganz genau wusste, um was es hier ging. Bevor jedoch einer von ihnen etwas sagen konnte, schoss ein Lichtstrahl aus dem Buch hervor, so grell, dass Seth wegschauen musste.

Und so plötzlich, wie das Licht erschienen war, verschwand es wieder. Es war wie der Strahl einer hellen Taschenlampe, die man an- und wieder ausknipst. Aber Seth konnte sehen, dass etwas weiterleuchtete, da war ein Schimmern auf dem Buchrücken, wo vorher nichts gewesen war. Fischadler ließ das Buch fallen, schnell griff Angelique danach, hielt es fast an ihre Nase und las: »*Wich Wracht*«.

Sie schaute Seth fragend an. Aber der hatte keine Antwort, keine Idee, was damit gemeint war. Als sie die Worte sagte, ertönte ein tiefes, zischendes Echo. Es schien aus der Wand zu quellen. Der ganze Raum schwankte und rumpelte. *Wich Wracht.*

»Was war das?«, fragte Tiffany und guckte sich ängstlich um.

Alle sahen jetzt Seth an, aber der konnte nur murmeln, dass er keine Ahnung hatte.

Tiffany überrumpelte Angelique, riss ihr das Buch aus der Hand und fing an durch die Seiten zu blättern. Dann leuchteten ihre Augen triumphierend auf.

»Na, wenn das nicht aufregend ist! Ein Rezept für – wie nennt sich das? *Aprikosentraum* – Seppi? Sag mir nicht, du hast das Rezept aus diesem Buch? Kein Wunder, dass Dr. Thallomius tot umgefallen ist, als er davon gegessen hat. Und mir wolltest du die Schuld in die Schuhe schieben.«

37. Jemand mit echten magischen Kräften

Seth saß auf einem umgedrehten Eimer. Sie hatten ihn wieder im Besenschrank eingeschlossen. Er fuhr sich mit den Fingern durch das widerspenstige Haar. Welche Chance hatte er denn jetzt noch, seine Unschuld zu beweisen? Und was war bloß mit Nachtschatten passiert? Er war am Ende.

Ihm war schlecht. Sie *konnten* ihn ja nur als schuldig betrachten. Fischadler hatte sein Ziel, ihn in Handschellen abzuführen, fast erreicht. Niemals würde er irgendjemanden davon überzeugen können, dass das alles eine Reihe von Missverständnissen war und dass er sich absolut nichts hatte zu schulden kommen lassen.

Was sollte er bloß tun? Er *musste* herausfinden, wer der Mörder war. Und er *musste* es beweisen. Aber was konnte er hier in der Besenkammer schon ausrichten?

Er hatte gut zugehört. Und er bekam Mr Bunn nicht aus dem Kopf. Wie hatte er nur so beeindruckend zaubern können?

Angelique hatte ihm von Anfang an ständig gesagt, dass er die Antworten kenne. *Denk nach, Seth, denk nach.*

Gedämpfte Schritte bewegten sich durch das Foyer. Nachtschatten? Seth drückte sein Ohr an die Tür, hoffte auf den Klang einer freundlichen Stimme, auf ein Zeichen, dass es seiner Katze gut ging. Wenigstens wusste er, dass Nachtschatten ziemlich gut auf sich selbst aufpassen konnte. Das tröstete ihn.

Er schnappte ein paar Gesprächsfetzen aus dem Foyer auf. Tiffany und ihre Mutter unterhielten sich.

»Dad hat magische Kräfte«, sagte Tiffany gerade. Seth stellte sich den missbilligenden Ausdruck in ihrem Gesicht vor. »Und keiner hat es für nötig gehalten, mir das zu sagen.«

»Engelchen, dein Vater hat keine magischen Kräfte.«

»Denkst du denn gar nicht weiter? Ist denn keiner darauf gekommen, dass ich vielleicht auch gerne magische Kräfte hätte?« Sie schnaubte. »Wirklich – seid ihr alle so dumm?«

»Ehrlich, Engelchen, da gibt es nichts zu erzählen. Es kann einfach nicht sein, mein Schatz …«

Dann waren sie außer Hörweite. Es überraschte Seth nicht, dass Tiffany wütend war. Sein erster Gedanke war gewesen, wie Tiffany wohl darauf reagieren würde, dass ihr Vater Henris Schnitzereien zum Leben erweckt hatte. Wenn es hier magische Kräfte gab, dann beanspruchte Tiffany sie natürlich für sich.

Der Ursprung von allem war die Magie. Inspektor Zinnkrug glaubte, dass jemand mit echten magischen Kräften sich in das Auswahlverfahren gemogelt hatte. Jemand mit einem Plan. Jemand, der Abwehrzauber durchbrechen konnte.

Von Angelique wusste er, dass es im Hotel bereits Magie gab. Eine sogenannte verzerrte Magie. Ihrer Ansicht nach hatte alles längst begonnen, noch bevor Dr. Thallomius eingetroffen war. War das die Lösung?

Mr Bunn hatte die Figuren zum Leben erweckt. War das nun beeindruckende Magie? Oder einfach nur ein Trick? Oder schierer Zufall? Angelique hatte es jedenfalls überzeugt.

Aber das alles ergab noch keinen Sinn.

Inspektor Zinnkrug war davon überzeugt, dass Dr. Thallomius gar nicht wegen des Auswahlverfahrens ins Hotel *Zur letzten Chance* gekommen war. Sondern dass er einen geheimen Plan hatte. Außerdem hielt er den winzigen magischen Knochen oben auf dem Schrank für den Schlüssel, der den Durchbruch in diesem Fall bringen würde.

Seth fuhr sich wieder durch das Haar. Manchmal schien Inspektor Zinnkrug in seiner verschrobenen Welt verloren.

Wer konnte es gewesen sein? Wer besaß das magische Talent, um in den Speisesaal einzudringen? Letztlich lief es immer wieder auf diesen Punkt hinaus.

Wer hier hatte wahrhaft magische Kräfte?

Hatte er irgendjemanden beim Zaubern beobachtet? Beim Anwenden ernst zu nehmender magischer Kräfte? *Denk nach, Seth.*

Plötzlich wurde es fassbar, wie ein verschwommenes Bild, das auf einmal klar wird.

Er hatte doch gesehen, wie grelles blaues Licht aus ihrem Spazierstock schoss. Spätestens als sie mit diesem gefährlichen

Spazierstock herumgefuchtelt hatte, ihn an seinen Hals drückte – da hatte er gewusst, dass sie magische Kräfte besaß.

Sie hatte so getan, als wären sie Freunde, und ihn damit gezwungen, ihr Geheimnis zu bewahren.

Wie hatte er nur so blöd sein können? So vertrauensselig?

Er war blind gewesen. Hatte nicht gesehen, was er von Anfang an hätte sehen sollen. Er wusste nämlich, wer hier die stärksten magischen Kräfte besaß. Eine einzige Person – und zwar nicht Mr Bunn. Angelique. Es war Angelique.

Teil Drei

38. Eine Lektion

Ohne Beweise konnte er aber weder zu Fischadler noch zu Inspektor Zinnkrug gehen. Natürlich würden sie ihm unterstellen, dass er nur seine Haut retten wollte. Wie nur konnte er Angelique überführen? Und wie brachte er sie zu einem Geständnis?

Sie hatte ihm übel mitgespielt, ihn ausgetrickst – sein Ärger wurde immer größer, als eine leise Stimme vor der Besenkammer sagte: »Alles in Ordnung, Seth?«

Am liebsten hätte er sie angeschrien.

»Mir geht's gut. Sieht so aus, als würde mein Wunsch, hier wegzukommen, in Erfüllung gehen. Und als würde ich den Kopf für jemand anderen hinhalten. Darin bin ich gut. Wer immer es tatsächlich getan hat, er oder sie kann hoffentlich damit leben.«

»Du musst mir helfen, Seth.« Er konnte sie jetzt besser hören, wahrscheinlich hatte sie sich näher an die Tür gestellt. Es war nicht das erste Mal, dass sie ihn um Hilfe bat. Aber diesmal würde er nicht darauf reinfallen.

»Das hier ist ein sehr alter Ort«, sagte sie. »Voller Geheimnisse. Ich komme der Sache näher, aber ich muss alles wissen. Seth?«

»Warum sollte ich Ihnen helfen?« Er kochte vor Wut. »Sie haben mich belogen und betrogen.«

Sie zögerte. »Ich hatte keine Wahl.«

»Ich weiß, was hier los ist, Miss Squerr. Endlich«, sagte er mit zusammengebissenen Zähnen. »Sie müssen sich ausgeschüttet haben vor Lachen.«

Stille.

»Seth, ich weiß, wie schwierig es für dich ist. Aber kannst du mir helfen? Es ist wichtig«, sagte sie leise. »Es gibt niemanden, den ich sonst fragen könnte.«

»Was kann ich schon tun? Ich bin eingesperrt. Außerdem will ich Ihnen nicht helfen. Sie sind auf sich allein gestellt und können mich nicht mehr in Ihre Machenschaften reinziehen.«

»Mir nicht helfen?«, stotterte sie. »Aber ich will doch *dir* helfen!«

»Ich würde der Person, die Dr. Thallomius ermordet hat, niemals helfen. Nicht um alles in der Welt.«

Das hatte er gar nicht sagen wollen, aber jetzt war es zu spät. Es war so lange still, dass er schon dachte, jetzt hätte er es total vermasselt und sie wäre verschwunden. Schlau und vorsichtig hatte er sein wollen, um sie zum Reden zu bringen. Jetzt verfluchte er sich dafür, dass seine Wut die Oberhand gewonnen hatte.

Aber dann sagte sie: »Ich weiß nicht, wo ich anfangen soll.« Sie sprach jetzt so leise, dass er sie kaum verstehen konnte. »Tatsache ist, er ist tot.« Sie schniefte. »Du hast recht, es liegt an mir.«

Sie hatte es zugegeben.

Seth wunderte sich, denn er hatte keinerlei Triumphgefühl. Dann hörte er Schritte, und sie war fort.

Jetzt war er nicht besser dran als vorher.

Nach einer langen Zeit kamen wieder Schritte. Seth legte sein Ohr an die Tür.

»Ah. Da hat der Herr Fischstäbchen wohl den großen alten Schlüssel fallen lassen. Welche Tür der wohl öffnet?« Etwas rüttelte im Schloss – und die Tür ging auf. Seth trat hinaus und blinzelte im hellen Licht des Foyers. Vor ihm stand die bedrohliche Gestalt von Inspektor Zinnkrug.

»Ich habe mir gedacht, du musst dir mal die Beine vertreten. Soll ich dir was zeigen? Hilfst du mir? Allerdings eine stinklangweilige Aufgabe, fürchte ich.«

»Lag der Schlüssel wirklich vor der Tür?«

»Nicht so wirklich.«

»Sie haben ... Sie haben gezaubert?«

»Vielleicht habe ich einen Entriegelungs-Zauber angewendet. Einfach, aber effektiv. Das ändert allerdings nichts an der Tatsache, dass Magie nicht dazu da ist, Kunststücke zu vollführen, junger Mann. Der Weg zur Magie ist einer der schwierigsten; er ist trügerisch und gefährlich. Und vor allem in ungeschulten Händen kann Magie … Na, sagen wir mal so: Wir haben eine ganze Abteilung, die sich nur darum kümmert, die Ohren von Leuten wieder anzubringen, die keine Ahnung haben, was sie da eigentlich tun. Und Köpfe. Obwohl, Köpfe nicht so oft. Zum Glück sind die Leute mit ihren Köpfen meistens ziemlich vorsichtig.«

Seth folgte Inspektor Zinnkrug die schiefe Treppe hinauf. An manchen Stellen war die Decke so niedrig, dass er sich bücken musste. »Darf ich vorschlagen, dass du dich vielleicht weniger um Magie und mehr um die Klemme kümmerst, in der du steckst? Du bist gut darin, dich in Schwierigkeiten zu bringen, nicht wahr, Mr Seppi?«

»›Klemme‹.« Seth lachte bitter. »Alle *können* ja nur denken, dass ich es war, daran wird sich nichts ändern. Können Sie … Wissen Sie, ob es Nachtschatten gut geht?«

»Die Katze? Die war nicht so begeistert davon, dass Miss Bunn sich das kleine schwarze Buch von dir greifen wollte.«

»Was hat Tiffany mit ihr gemacht?«

»In eine Kiste gesperrt. Aber zuvor wurde Miss Bunns hübsche Haut noch ein wenig lädiert. Nachtschatten ging es gut, als ich sie gefunden und herausgelassen habe. Na ja, ein bisschen unleidig war sie.«

»Das ist sie oft. Danke schön!«

Sie erreichten eines der leer stehenden Gästezimmer.

Inspektor Zinnkrug trat ein, ohne das Licht anzumachen. Seth folgte ihm. Der Inspektor schien mal wieder einer seiner seltsamen Spuren nachzugehen.

»So, nun wollen wir doch mal sehen, ob wir dieses Rätsel nicht unter uns lösen können. Wir sind nah dran.«

Seth musste Inspektor Zinnkrug erklären, dass Angelique eben gestanden hatte, so merkwürdig dieses Geständnis auch gewesen war. Aber er wusste einfach nicht, wo er anfangen sollte.

Inspektor Zinnkrug würde bestimmt darüber lachen. Und Angelique war ja wirklich sehr gerissen. Seth' Augen brauchten einen Moment, um sich an die Dunkelheit zu gewöhnen. Dann merkte er, dass das Zimmer doch nicht ganz leer stand. Da bewegte sich irgendwas in einer Ecke. Ein matt leuchtender Nebel.

Seth war so erschrocken, dass er den Inspektor am liebsten am Arm gepackt hätte.

War das derselbe Schemen, den Gloria Trottelbohne gesehen hatte? Der Geist von Dr. Thallomius?

Inspektor Zinnkrug schien aber nicht im Geringsten beunruhigt. Er ging auf den kleinen, schwebenden Lichtball zu. Neugierig und prüfend schaute er ihn an.

»Ich muss nur noch ein paar offene Fragen klären. Für die Beweisführung.«

»Die Beweisführung gegen mich?«

Seth wartete. Man wusste nie, was Inspektor Zinnkrug gerade dachte. Aber irgendwie hatte er sich von Anfang an, als niemand an seine Unschuld zu glauben schien, viel tiefer auf alles eingelassen und suchte nach etwas anderem.

Inspektor Zinnkrug wandte sich von der Leuchtkugel ab und schaute Seth mit seinen blauen Augen an, die sogar in der Dunkelheit noch strahlten.

»Glaubst du, ich habe dich um Hilfe gebeten, damit ich Beweismaterial gegen dich zusammentragen kann? Du musst lernen, wem du vertrauen kannst, Seth«, sagte er sanft. »Manche von uns wollen einfach nur die Wahrheit wissen. Nun, versprichst du mir, dass du mich nicht verrätst?«

In Seth regte sich ein kleiner Hoffnungsschimmer. Vielleicht war doch nicht alles verloren. Obwohl es so viel Beweismaterial gegen ihn gab, glaubte der Inspektor, dass es noch eine andere Antwort gab. Er hatte also noch eine Chance.

Die wabernde Kugel aus leuchtendem Nebel zog ihn immer mehr in den Bann. Sie wurde größer und größer, während er sie anschaute, und in ihrer Mitte war ein winziger grauer Lichtpunkt. Jetzt war sie schon so groß wie ein Fußball.

»Was meinen Sie mit ›verraten‹, Sir?«

»Fischadler hat zu Recht alle Verbindungen gekappt. Diese Vorgehensweise ist sehr diskret. Vielmehr sie wäre es, nur ist der Empfang hier draußen wirklich grottenschlecht. Wahrscheinlich wegen all der Bäume. Deswegen musste ich zuerst mal eine stärkere Verbindung aufbauen. Es würde mein Leben sehr viel einfacher machen, wenn Fischadler nichts davon wüsste. Denn manchmal sind meine Methoden nicht so ganz legal.«

Seth' Herz klopfte ein wenig schneller, als er Inspektor Zinnkrug das sagen hörte. Jetzt fuhr der Inspektor mit der Hand durch die Lichtkugel. Seth verfolgte hingerissen, wie sie sich in eine andere Richtung bewegte, sich zusammenzog und dann anfing, sich zu drehen.

»Immer noch nicht.« Inspektor Zinnkrug tanzte mit den Fingern durch das Leuchten.

Jetzt ordnete sich der Nebel zu rosa Punkten an. Der Inspektor machte seine Jacke auf und legte wieder die kleinen Fläschchen am Futter frei. Er nahm eins heraus, öffnete es mit seinen langen Fingern und nahm eine Prise zimtfarbenen Pulvers heraus, das er in den Nebel streute.

Eigentlich sollte sich Seth auf die Schuldige konzentrieren – auf Angelique. Sie hatte ihm Informationen über die magische Welt gegeben, die er nun alle anzweifelte. Sie hatte ihm gesagt, dass hier im Hotel Magie war, die sie nicht verstand. Hatte alles mit ihrem blauen Licht geblitzt – und dann das mit den Wänden, die angefangen hatten zu grollen. Sie hatte dafür gesorgt, dass die Wände *Wich Wracht* sagten. Er sollte endlich mit der Sprache herausrücken und dem Inspektor alles erzählen. Er musste nur einen Weg finden, ihm von dem Prophetoskop und dem blauen Licht zu berichten, ohne dass es vollkommen lächerlich klang ... Aber jetzt begann die Kugel grünlich zu leuchten, und Seth konnte nur noch daran denken, dass er Inspektor Zinnkrug gerade beim Zaubern zuschaute.

»Sie haben ihn gerade erst nachgerüstet«, sagte der nun ärgerlich. »Die alte Version war aber viel besser. Ich verstehe nicht, warum sie immer an allem herumpfuschen müssen. Ich versuche gerade einen Entpuder-Zauber hinzubringen – eine Art Starthilfe, wenn die Magie nicht so anzieht, wie sie soll. Wir nennen das einen Teleglobus. Daran halte ich mich, obwohl der Apparat nach der Magierin benannt ist, die ihn erfunden hat. Aber ihren Namen kann man nicht aussprechen. Er klingt so, als würde man niesen. Wenn man schnell etwas herausfinden will, ist das jedenfalls der beste magische Apparat weit und breit.«

»Sie meinen – er wird uns sagen, wer Dr. Thallomius ermordet hat?«, fragte Seth voller Hoffnung. Vielleicht konnte er auf diesem Weg den Verdacht auf Angelique lenken.

»Nun, der Apparat ist magisch, aber auch ziemlich dumm – er kann nur wiederholen, was ihm jemand schon einprogrammiert hat. Also, auf einem so teuren Kanal wie diesem …« Der Inspektor bewegte die Hände und immer deutlicher waren Bilder zu sehen. »Warum versuchst du es nicht zuerst, Seth? Hast du eine Frage? Los, probier mal aus.«

Seth wollte nur herausfinden, warum Angelique Dr. Thallomius umgebracht hatte. Wenn er das wusste, dann konnte er Inspektor Zinnkrug alles erzählen. Der würde ihm vielleicht glauben.

»Nun«, sagte Inspektor Zinnkrug, weil Seth noch zögerte. »Ich habe auf jeden Fall eine Menge Fragen. Du hast ja einiges über die magische Welt erfahren, Seth, über die große Schlacht und über all die Vermissten, wahrscheinlich Explodierten? Ich frage mich, ob wir wohl in die gleiche Richtung denken.«

Seth war überrascht. Er hatte geglaubt, Inspektor Zinnkrug trüge Beweismaterial gegen jemand zusammen. Und er war davon ausgegangen, dass er nun nach Hintergrundinformationen fragen würde.

»Die Magier, die im Zusammenhang mit der Schlacht gesucht

werden – ist das etwas, was Ihre Abteilung, die MaPo, untersucht?«, fragte er vorsichtig.

»Nein, wir nicht. Wir von der MaPo befassen uns mit einfachen Verbrechen, mit Alltäglichem, mit Fehlverhalten und allen möglichen zwielichtigen Vorgängen in der Gemeinschaft der Magier. Aber die Magier aufzuspüren, die bei der Schlacht dabei waren, das ist Aufgabe eines Topteams. Und die VWEs offiziell für tot oder lebendig zu erklären.«

»VWE-Magier wie Wintergrün Trottelbohne?«, sagte Seth langsam. »Klingt so, als hätte er gute Gründe gehabt, Dr. Thallomius zu hassen. Er wird nur für tot gehalten, nicht wahr, aber niemand weiß es genau? Und es werden Ermittlungen angestellt?«

»Genau so ist es. Der vollständige Name des Topteams ist *Düstere Denk-Dienstleistung,* abgekürzt D3. Und genau damit befassen die sich. Das meiste läuft undercover. Na, das Letzte, was sie wollen, ist, einen Magier darauf aufmerksam machen, dass gegen ihn ermittelt wird. Vor allem, wenn er sich geschickt versteckt hat, um keine peinlichen Fragen über seine Rolle bei der Schlacht gestellt zu bekommen. Eigentlich könnte D3 auch für *Dezidiert Dreiste Dienstleistungs-Magier* stehen. Willst du noch mehr über die Geheimagenten des Elysiums wissen?«

Seth schaute Inspektor Zinnkrug über die Schulter, da tauchten Wörter aus dem Nebel empor.

Gleichzeitig sagte eine leise weibliche Stimme: »*Die Arbeit des D3 beginnt damit, dass Häuser oder Gebäude, die in Zusammenhang mit VWE-Magiern stehen, ins Visier genommen werden. Sie untersuchen, ob Magie angewandt wird. Finden sie keine Anzeichen von neuerer magischer Aktivität, folgern sie, dass der Magier tot ist und nicht vermisst wird. Ihr offizieller Status wird neu definiert.*

Dann fegen sie alle Magie aus den dunklen Ecken ihrer Häuser, entfernen magische Schriften, alle magischen Machwerke, manchmal ganze Bibliotheken. Und sobald alle Spuren von Magie entfernt sind, wird das Haus als ›gereinigt‹ und ›wieder bewohnbar‹ deklariert.«

»Eine schwierige Aufgabe. Geht bestimmt auch mal nach hinten los«, sagte Inspektor Zinnkrug nachdenklich. »Wenn der Magier zum Bespiel länger im Urlaub ist.«

Seth versuchte, das alles zu begreifen, aber der Inspektor wischte schon wieder über die Oberfläche. Der wabernde Nebel in der leuchtenden Kugel verwandelte sich in ein dunkles Rosa.

»Jetzt kommt der äußerst illegale Teil. Er verlangt etwas Geschick. Für ein Genie wie mich allerdings ganz einfach. Du kannst dich wegdrehen, wenn du willst. Salami-Technik.«

»›Salami-Technik‹?«

»So nennt man es, wenn man sich irgendwo ungesehen einschleicht, wo man eigentlich nichts zu suchen hat. Stück für Stück, Scheibe für Scheibe. In diesem Fall in die Schatzkammer des Elysiums. Sie lassen da nicht jeden rein.«

»Warum?«

»Wahrscheinlich, weil es eben kein öffentlicher Raum ist.«

»Nein, das meine ich nicht.«

»Ach so. Also, ich habe ein paar schwierige Fragen, auf die ich keine Antwort habe. Man lässt mich bei gewissen Dingen im Ungewissen. Und ich bekomme nicht heraus, um welche Lügen ich mich kümmern muss und welche ich getrost links liegen lassen kann«, murmelte er. Der Nebel waberte weiter. »Und ich würde wirklich gerne wissen, was sie vorhat.«

Als Seth das »sie« hörte, keimte wieder die Hoffnung in ihm auf, dass der Inspektor Angeliques Geständnis vielleicht doch nicht so lächerlich finden würde.

Da tauchte der Name jener Person, gegen die Inspektor Zinnkrug ermittelte, aus dem Nebel auf. Seth sprach ihn laut aus:

»Angelique.«

39. Alles gelogen

Also hatte Inspektor Zinnkrug Angelique schon die ganze Zeit im Auge.

Konnte es sein, dass Inspektor Zinnkrug am selben Punkt angelangt war wie Seth – dass Angelique die Einzige war, die mit ihren magischen Kräften den Abwehrzauber zu durchbrechen vermochte?

Vielleicht konnte er seine Unschuld ja doch noch beweisen.

Inspektor Zinnkrug beugte sich vor. »Sie arbeitete noch nicht einmal für Dr. Thallomius.«

»Angelique hat ganz schön viel gelogen«, sagte Seth. Er fühlte sich noch immer wie ein totaler Idiot, weil er ihrer lächerlichen Geschichte über die Magie, die sich angeblich hier befand, auf den Leim gegangen war.

»Ja, das tut sie, nicht wahr?«

Seth wollte Inspektor Zinnkrug endlich alles erzählen. Nicht nur Angeliques Geständnis, ihre Schuld an Dr. Thallomius' Tod, sondern auch ihr Geblitze mit ihrem Spazierstock, das grelle blaue Licht. All der Quatsch über die Welligkeit von Magie. So dumm war er gewesen, aber noch immer verstand er nicht, was es bedeutete.

»Mir fallen nur ein paar Gründe ein, warum sie mir die Wahrheit nicht sagt, und ich werde sie wohl kaum kopfüber hängen, um es zu erfahren«, überlegte Zinnkrug. »Die Squerrs sind eine ziemlich angesehene Magier-Familie. Was hat sie also vor? Du glaubst, sie ist unsere Mörderin, nicht wahr, Seth?«

Seth ließ sich mit seiner Antwort Zeit. »Da kann ich noch einen draufsetzen: Ich *weiß*, dass sie die Mörderin ist.«

»Was hat sie dir gesagt?«

»Vorhin hat sie gestanden, dass sie für den Tod von Dr. Thallomius verantwortlich ist.« Seth hielt die Luft an. So, jetzt war es raus.

Inspektor Zinnkrug wandte sich um, und wieder fiel Seth das intensive Blau seiner Augen hinter der Brille auf. »Hat sie das, ja? Und du hast ihr geglaubt? War sie die ganze Zeit ehrlich zu dir?«

»Überhaupt nicht!«, sprudelte es aus Seth heraus. »Sie hat mich von Anfang an belogen und in die Irre geführt.«

»Ja, sie lässt sich nicht in die Karten schauen, nicht wahr?«

Mehr wollte Inspektor Zinnkrug nicht sagen? Oder unternehmen?

Seth war sich nicht sicher, ob der Inspektor ihm nicht glaubte oder ob genau das Gegenteil der Fall war, und er eh alles schon längst wusste. Wie immer war er die Gelassenheit in Person und hatte ganz anders auf die Information über Angeliques Geständnis reagiert, als Seth es erwartet hatte. »Angelique kommt also aus einer alteingesessenen Magier-Familie?«

»Ja, die Squerrs sind eine der ältesten.«

Hatte sie ihm nicht von Anfang an erzählt, dass sich die mächtigen magischen Familien gegen Dr. Thallomius und seine Reformpläne verschworen hatten?

Fast hätte Seth die Schritte überhört.

Jemand kam näher und rief nach Inspektor Zinnkrug. »Hat man denn hier nie seine Ruhe? Kein Wunder, dass es so lange dauert, diesen Fall zu lösen. Aber so langsam wird es ja.« Er ging in den Flur und zog die Tür diskret hinter sich zu.

Was meinte er damit? Der Fall war doch jetzt abgeschlossen.

»Gnädigste, wie kann ich Ihnen behilflich sein?«, hörte er Inspektor Zinnkrug sagen und dann die unverkennbar hohe Stimme von Gloria Trottelbohne: »Ich bin bereit für die Séance. Aber ich möchte wissen«, sie klang ein wenig nervös, »welche Fragen ich stellen soll.«

Etwas streifte sein Bein. Er hatte gar nicht bemerkt, dass Nachtschatten reingekommen war.

»Nachtschatten! Wo bist du gewesen?«

Er wollte sie umarmen, sein Gesicht in ihrem weichen Fell vergraben. Aber Nachtschatten streckte sich, gähnte ausführlich und fuhr dabei ihre Krallen aus. »Gut möglich, dass ich eingeschlafen bin. Nur ein kleines ...«, wieder gähnte sie ausgiebig, »... Nickerchen.«

»Du hast geschlafen? Ich dachte, du wärst –«

»Kann ich was dafür, wenn ich meinen Schlaf brauche?«, sagte Nachtschatten und fing an, ihre Pfoten zu putzen. »Katzen brauchen mindestens siebzehn Stunden Schlaf am Tag. Das ist angeboren.«

»Ich dachte, dir wäre etwas Schreckliches passiert – ich dachte, Tiffany –«

»Ich habe ihr einen Denkzettel verpasst.« Nachtschatten drehte sich weg, als ob sie nicht darüber reden wollte. Dann fauchte sie die Leuchtkugel an.

»Das, Nachtschatten, ist ein magischer Apparat, den man Teleglobus nennt. Du kannst ihm Fragen stellen. Du hast hier nur verpasst, wie Tiffany das schwarze Buch Fischadler als Beweismittel gegen mich gegeben hat. Ich bin wieder eingesperrt worden. Inzwischen glaube ich nicht mehr, dass Mr Bunn für das alles hier verantwortlich ist. Inspektor Zinnkrug und ich denken wohl in dieselbe Richtung und –«

»Ich weiß nicht, Seth. Hier gehen seltsame Dinge vor. Ich glaube langsam, dass Angelique recht hat. Irgendetwas Dunkles lauert hier im Hotel.«

»Tja. Nun, *ich* glaube ihr kein Wort mehr. Hör zu, gerade hat sie mir gesagt – ich habe sie direkt gefragt und sie hat es zugegeben –, sie ist verantwortlich für den Tod von Dr. Thallomius. Ich war der Einzige, der dieses Geständnis gehört hat. Aber ich glaube, Inspektor Zinnkrug versucht dasselbe wie ich – nämlich Beweismaterial gegen sie zu sammeln.«

Nachtschatten schaute ihn mit ihren glänzenden grünen Augen an. »Und? Hilft uns das da mit den Beweismitteln weiter?«

»Es ist einen Versuch wert. Das ist immerhin ein magischer Apparat.« Seth zuckte mit den Schultern. »Aber bei mir funktioniert er wohl nicht.« Er schaute nach oben zur Kugel und ging noch näher ran. Der wabernde Nebel schlug ihn in seinen Bann. Jetzt schickte er lange, dünne Nebelschwaden aus. Sie legten sich um ihn, lockten ihn, zogen ihn hinein.

Hätte Nachtschatten Augenbrauen gehabt, dann hätte sie sie jetzt hochgezogen, das wusste Seth.

Er hatte Inspektor Zinnkrug genau beobachtet. Draußen vor der Tür unterhielten sie sich noch immer gedämpft. Nervös stand Seth vor dem magischen Apparat. Konnte er so etwas bedienen?

Wenn er den Teleglobus ausprobieren wollte, dann jetzt. Aber er hatte so viele Fragen auf einmal.

Die ganzen Lügen hatten ihn durcheinandergebracht. Er rieb sich den Hals und dachte daran, wie Angelique wütend auf ihn geworden war; wie sie mit dem hellen blauen Licht ihres Prophetoskops alles blitzte; wie sie ihm sagte, dass sie überall Magie entdeckte, die sie nicht kannte. Er dachte an das Grollen der Wände.

Jetzt hatte er eine Chance. Er konnte die einzige Frage stellen, auf die er wirklich eine Antwort brauchte. Dann würde er Angeliques Spiel verstehen. Er musste sie schnell stellen, bevor der Inspektor wieder reinkam.

Er stellte sich vor den Teleglobus und sagte klar und selbstbewusst: »Warum sprechen die Wände im Hotel *Zur letzten Chance?*«

40. Was ist Wich Wracht?

Der Nebel waberte nur ein wenig. War seine Stimme zu leise gewesen? Oder hatte er irgendwas falsch gemacht?

Seth runzelte die Stirn. Er schaute ängstlich zur Tür und erinnerte sich daran, wie Inspektor Zinnkrug es gemacht hatte.

Der Inspektor hatte das Fläschchen mit dem Entpuder auf dem Tisch stehen lassen. Seth nahm es und machte es auf. Er streute eine winzige Prise auf seine Fingerspitzen und gab es in den Nebel, genau wie Inspektor Zinnkrug es gemacht hatte.

Jetzt tauchten Wörter im Nebel auf.

Hotel Zur letzten Chance. *Ehemals Familiensitz von Wich Wracht – der uralte Name des berühmten wissenschaftlichen Magiers, bekannt geworden durch die Erfindung des Runaspiegels.*

»Nachtschatten, halt dich fest! Wich Wracht ist ein Mensch!«

»Wovon sprichst du?«, grummelte Nachtschatten.

»Die leuchtende Schrift auf dem Buch – und als die Wände ›Wich Wracht‹ gesagt haben. Das ist keine Sache. Es ist ein Name. Die Wände haben einen Namen gesagt. Der Name eines wissenschaftlichen Magiers, wie Dr. Thallomius einer war. Wich Wracht hat hier gelebt – im Hotel *Zur letzten Chance.*«

Seth sah sich die Wörter noch einmal an. *Runaspiegel* war hervorgehoben. Er wusste, wo ihm das Wort schon einmal begegnet war.

»Dieser Runaspiegel, das Wort, stand im schwarzen Buch, genau wie der Leuchtkäfer-Käfig.« Er dachte einen Moment darüber nach, wie die Worte *Wich Wracht* aus seinem schwarzen Buch herausgeleuchtet hatten. »Aber was bedeutet das, Nachtschatten? Ich habe noch immer keine Ahnung.«

Er ließ die Schultern hängen.

Diese Antwort auf seine Frage hatte nur zu noch mehr Fragen geführt.

Seth las weiter, überflog alle Einzelheiten, so schnell er konnte.

Soll, sofern noch lebend, vernommen werden,
wegen Verwicklung in die große Schlacht.
Offizieller Status: vermisst, wahrscheinlich explodiert.

»Nachtschatten. Wich Wracht gehört zu den Magiern, die vermisst, wahrscheinlich explodiert sind. Er hat was mit der Schlacht zu tun und soll verhört werden. Und er hat hier gelebt.«

»Ein gesuchter Magier hat hier mal gelebt? Du nimmst mich wohl auf den Arm.«

Das Knarren einer Holzdiele machte Seth klar, dass jetzt nicht die Zeit war, um das Rätsel zu lösen. Und schon war Inspektor Zinnkrug wieder zurück.

»Ich habe schlechte Nachrichten für dich.«

Seth wartete. Hatte der Inspektor mitbekommen, dass er sich an einem magischen Apparat versucht hatte?

»Ich fürchte, du musst hinter Schloss und Riegel bleiben. Obwohl ich nicht einsehe, warum du in diese Besenkammer sollst. Das Dachzimmer geht auch.« Seth war am Boden zerstört.

Er ging voraus, weil Inspektor Zinnkrug sich nicht auskannte.

»Glauben Sie wirklich, dass Miss Trottelbohne mit dem Geist von Dr. Thallomius kommunizieren kann?«, flüsterte Seth, als der Inspektor die Tür von außen verschloss und noch einmal beruhigend zum Abschied klopfte.

Inspektor Zinnkrug gab einen tiefen Seufzer von sich. »Je länger man mit Magie zu tun hat, Seth, desto mehr lernt man, unvoreingenommen zu sein. Außerdem wäre es doch sehr praktisch, wenn Dr. Thallomius uns alles erzählen würde. Solange nicht das Gegenteil eintritt, lautet mein Rat – leider –, niemandem zu vertrauen. Oh, außer mir natürlich.«

»Ist Miss Trottelbohnes Fähigkeit, mit Geistern zu kommunizieren, also Magie? Oder glauben Sie, dass sie irgendwas im Schilde führt?«

»Hast du nicht auch den Eindruck, Seth«, sagte Inspektor Zinnkrug müde, »dass hier alle etwas im Schilde führen?«

41. Das Bild wird klarer

Seth ließ sich aufs Bett fallen und dachte angestrengt nach. Allmählich erkannte er, dass aus einer Ecke des Zimmers ein Leuchten, ein geisterhaftes Glühen kam.

Sein Spiegel. Der Spiegel, der nicht immer funktionierte. Jetzt leuchtete er.

Nicht das Glas, sondern die Rückseite strahlte. Seth drehte ihn um und sah leuchtende Buchstaben. Die Worte waren ganz deutlich zu lesen: *Wich Wracht.*

Er ließ den Spiegel fallen.

Als er mit großen Augen auf die Inschrift starrte, drang eine zischende Stimme aus der Wand. Sie flüsterte, als würde sie nur zu ihm sprechen: *Wich Wracht.*

Ängstlich nahm Seth den Spiegel wieder in die Hand und starrte ihn an. Es war nur sein kaputter Spiegel, der manchmal sein Gesicht zeigte, meistens aber etwas, das sich in einem anderen Zimmer befand. Wenn sein Spiegel tatsächlich auf irgendeine Weise mit Wich Wracht in Verbindung stand, dann musste er den Tatsachen ins Auge sehen: Dann konnte es nur ein Machwerk voller finsterer Magie sein.

Als er tief in den Spiegel blickte, erschien in einer Ecke ein helles Licht. Wie ein Riss breitete es sich über das Glas aus. Und der Riss wurde immer tiefer.

Seth schaute ganz genau hin und konnte plötzlich eine Gruppe von Leuten erkennen. Sie saßen in einem holzvertäfelten Raum, der nur von Kerzen beleuchtet wurde, um einen großen Tisch herum.

Ganz fest hielt Seth den Spiegel in der Hand. Er wusste genau, was er da gerade sah. Es war der Speisesaal des Hotels, wo gerade die Séance stattfand.

Seltsam, immer tiefer konnte er in den Spiegel sehen, sich die Gesichter anschauen, sehen, wie Gloria Trottelbohne die Lippen bewegte, ohne dass er sie hören konnte. Er hatte das Gefühl zu fallen, abzustürzen.

Und eher er sich's versah, schien jedes Molekül in seinem Körper auseinanderzuplatzen, während er gleichzeitig in ein winziges Rohr gestopft wurde.

Er wurde in den Spiegel gesaugt.

So, als würde er gleichzeitig geschrumpft und auseinandergezogen. Er streckte die Hand aus, versuchte Widerstand zu leisten. Die Augen hatte er geschlossen, in seinen Ohren rauschte es.

Als er die Augen wieder aufmachte, hatte das Fallen ein Ende. Er war reglos, schien aufrecht gelandet zu sein. Ein paarmal blinzelte er.

Seth sah sich um. Wo war er? Seine Hand erschien ihm schattig und grau. Er fühlte sich so platt gedrückt wie ein Blatt Papier. Und er sah direkt in den Speisesaal. Bloß wo befand *er* sich?

Die Gäste saßen in der Mitte des Raums um den großen, glänzenden, runden Tisch herum.

Die Séance – deswegen hatte Miss Trottelbohne ja alle zusammengerufen. Gloria versuchte bestimmt gerade, den Geist von Dr. Thallomius heraufzubeschwören. Der Speisesaal wurde nur von Kerzen beleuchtet, genau wie Seth es zuvor im Spiegel gesehen hatte.

Gloria saß direkt gegenüber von ihm, neben ihr Professorin Papperspuk. Zur ihrer Linken der Graf und Dunster-Dunstable. Norrie Bunn und Henri saßen auf der anderen Seite der Professorin, und unter Seth waren Inspektor Zinnkrug, Fischadler und Mr Bunn. Keine Angelique, keine Tiffany. Sie hielten sich alle an den Händen. Aber wo genau war denn er selbst? Wenn Inspektor Zinnkrug und Fischadler unter ihm waren, musste er wohl irgendwo oben sein.

Aber wenn er zu einer Séance gerufen wurde, hieß das dann, dass er tot war? Von so einem Spiegel aufgesaugt zu werden, reichte vermutlich, um einen umzubringen. Er konnte sich aber noch bewegen.

Gloria Trottelbohne hatte zunächst den Kopf gesenkt, jetzt blickte sie auf und öffnete die Augen. Sie schaute ihm direkt ins Gesicht.

Seth hielt ganz still, er blinzelte noch nicht mal. Konnte

sie ihn sehen? Oder war er jetzt einfach ein körperloser Geist?

Er wartete schon auf das rauschhafte Gefühl des Fallens. Als nichts dergleichen geschah, versuchte er nach links und rechts zu schauen.

Zu beiden Seiten konnte er eine Gestalt sehen. Er befand sich zwischen zwei Männern, die sich eine Flasche Wein und Brot und Käse teilten. Beide Männer, ja sogar das Brot, kamen Seth irgendwie bekannt vor.

»Er ist hier. Ich spüre ihn«, sagte Gloria.

Jetzt begriff Seth, wo er war: in dem Gemälde, das im Speisesaal hing. Genau über dem kleinen Tisch, auf den er den *Aprikosentraum* gestellt hatte. Er stand buchstäblich in dem Gemälde, als wäre er ein Teil davon.

Gloria blickte immer noch zu ihm auf. Aber Seth wollte nicht gesehen werden, vor allem, wenn es nach schwarzer Magie aussah.

Wie konnte er nur in seinen Körper zurückkehren? Was, wenn er jetzt für immer in diesem Gemälde gefangen war?

Er wollte weg.

Gloria kniff jetzt die Augen zusammen, dann riss sie sie wieder auf. Sie ließ die Hände ihrer Tischnachbarn los und stand langsam auf. Neugierig ging sie auf das Gemälde zu und runzelte nachdenklich die Stirn. Seth versuchte bewegungslos zu bleiben.

Sie starrte zu ihm hoch, bis ihre Blicke aufeinandertrafen. Neugier und Staunen standen ihr im Gesicht. »Ich kann es. Ich kann es wirklich«, sagte sie aufgeregt. Sie hob den Arm und zeigte direkt auf Seth. »In dem Gemälde ist eine graue Gestalt aufgetaucht. Seht, was ich vollbracht habe. Ich habe einen Geist heraufbeschworen. Ich habe es geschafft!«

42. Unter den Lebenden

»Ich habe einen Geist gerufen!«, rief Gloria, und ihre Augen waren noch immer weit aufgerissen.

Alle drehten sich um, die, die unter Seth saßen, mussten unbeholfen den Hals drehen und recken. Seth hielt so still wie möglich, er versuchte sogar, kaum zu atmen.

Jetzt waren sie alle auf den Füßen, schoben ihre Stühle zurück, die Gesichter voller Neugier und Angst. Sie kamen auf das Bild, auf ihn, zu und starrten ihn an.

»Ein Geist!«, kreischte Dunster-Dunstable.

»Sie hat es geschafft!«, rief die Professorin und schlug sich die Hände vor den Mund.

Seth bewegte sich ein klein wenig nach vorne, aber ohne das Gefühl, geschrumpft oder eingesaugt zu werden. Es war vielmehr, als würde er wachsen, Gestalt annehmen. Schließlich konnte er nicht verhindern, dass er aus dem Gemälde hervortrat.

Er konnte gar nicht anders, hatte keine Wahl, als aus dem Rahmen heraus auf den Fußboden zu treten, wo er zusammensackte. Über ihm vorwurfsvolle Gesichter. »Seth!« Inspektor Zinnkrug streckte die Hand aus, um ihm hochzuhelfen. »Wie nett, dass du uns Gesellschaft leistest. War dir langweilig so ganz allein? Es ist alles in Ordnung. Noch ist er im Land der Lebenden.«

»Durchsucht ihn!«, rief Fischadler. Doch niemand rührte sich. Fischadler, der ja für die Sicherheit zuständig war, wollte ihm den Spiegel wegnehmen, den er noch immer in der Hand hielt. »Was für ein teuflisches Machwerk schwarzer Magie hast du diesmal?«

»Ich glaube, gleich werden wir ein weiteres Rätsel lösen«, sagte Inspektor Zinnkrug.

Er streckte ihm fordernd die Hand entgegen, Seth musste ihm den Spiegel aushändigen. Der Inspektor untersuchte ihn gründlich. Dann sprang er auf und fing an, das Gemälde abzutasten. Seth erinnerte es daran, wie Angelique immer die Rahmen und Rückseiten der Bilder untersucht hatte.

»Wie ist dieser Junge nur aus dem Gemälde herausgekommen?«, überlegte Professorin Papperspuk, und ihre pompige Frisur wackelte mal wieder.

Alle sahen zu Inspektor Zinnkrug. Der betrachtete das Gemälde jetzt nachdenklich.

»Ich glaube«, sagte Seth und fuhr sich durch das Haar, »ich glaube, dass das ein Runaspiegel ist. Ich …« Aber mehr fiel ihm nicht ein. Was sollte man schon sagen, wenn man gerade aus einem Gemälde gestiegen war und ein Machwerk schwarzer

Magie in der Hand hielt? Egal was er sagte, es konnte nur falsch sein. Alle würden denken, dass er nichts Gutes im Schilde führte.

»Nun denn!«, rief Zinnkrug auf einmal. Er untersuchte den Spiegel erneut. »Da haben wir doch schon ein paar Antworten! Zum Beispiel, warum Sie die Anwesenheit einer Person in Ihrem Zimmer gespürt haben, Miss Trottelbohne.«

»Sie meinen, es war gar nicht der Geist von Dr. Thallomius?«, fragte Gloria enttäuscht.

»Es sieht eher danach aus, als würde jemand die Gemälde als Geheimgang benutzen«, erklärte Inspektor Zinnkrug. »Eine überholte magische Erfindung. Eindeutig verboten außerdem. Immer wieder saßen viel zu viele Leute fest.«

Seth zerbrach sich den Kopf.

Als er im Teleglobus gelesen hatte, dass der gesuchte Magier Wich Wracht hier im Hotel gelebt hatte und auf dem Rücken seines schwarzen Buches dieser Name leuchtete, hatte er kombiniert. Langsam begriff er, was wirklich vor sich ging. Endlich! Er war ganz kurz davor, alles zu verstehen.

43. Schließt mich wieder ein

Norrie schob sich nach vorne, warf dabei fast Gloria zu Boden und sprang Seth beinahe ins Gesicht. »Was hast du mit Tiffany gemacht? Sie ist nicht in ihrem Zimmer. Wir müssen sie suchen. Mein armes Baby!«

Sie sah ihn vorwurfsvoll an, aber er brachte nichts als ein Stottern heraus.

»Lasst uns keine Zeit verschwenden«, knurrte Henri, »los, suchen wir sie.«

»Ja, schnell«, jammerte Norrie. »Etwas Schreckliches ist passiert.«

»Und wenn sie in den Wald gegangen ist? Dann haben wir keine Chance«, sagte Dunster-Dunstable voller Furcht. »Es ist fast dunkel. Wir warten besser bis morgen.«

»Wir können nicht warten! Vielleicht ist sie verletzt!« Norrie kreischte regelrecht. »Liegt irgendwo und kann sich nicht helfen. Liegt einfach da, voller Angst, und hofft auf Rettung, dabei wird es immer dunkler. Was, wenn sie ermordet wurde?«

»Wir setzen alle Hebel in Bewegung«, sagte Mr Bunn.

»Ich werde helfen«, sagte Professorin Papperspuk. »Und Gloria auch.«

»Ich bin auch dabei«, sagte der Graf. »Keine Sorge, gnädige Frau. Sie ist bestimmt nicht weit gekommen. Aber vielleicht darf ich vorschlagen, dass wir zuerst draußen suchen. Gleich ist es dunkel.«

»Los geht's!«, rief Mr Bunn.

»Ich danke Ihnen, Herr Graf, Professorin, Master Dunster-Dunstable und Miss Trottelbohne.« Norrie rang die Hände. »Mr Fischadler, können wir mit Ihnen auch rechnen?«

Bevor der dazu etwas sagen konnte, war er schon mittendrin, mitgeschleift von Norrie, die ihn am Arm gepackt hatte und jetzt zur Tür führte. Master Dunster-Dunstable bildete mit seinen sehr kurzen Beinen das Schlusslicht. Inspektor Zinnkrug sagte noch, dass er bleiben und ein Auge auf Seth haben würde, aber das ging völlig unter.

Als der Inspektor sich an Seth wandte, rechnete der mit Fragen zum Runaspiegel. »Na, die haben es aber eilig. Was hältst du von einem Tee?«

Etwas Besseres als eine Tasse Tee konnte sich Seth im Moment gar nicht vorstellen, und er nickte dankbar. Allerdings würde er sich nie an die Art gewöhnen, mit der Inspektor Zinnkrug einen mit seinen Fragen überraschte.

Sie machten sich auf den Weg in die Küche. Seth folgte dem

Inspektor gerade durch das verlassene Foyer, als ihm ein seltsames Licht hinter dem Wandteppich mit dem Mädchen im gelben Kleid auffiel. Da hatte sich wohl noch jemand anderes nicht beteiligt an der Suche nach Tiffany. Jemand war in Mr Bunns Arbeitszimmer. Kam das seltsame Licht von der einzigen Person, die ebenfalls nicht mitgegangen war – von Angelique? Oder war es etwa Tiffany selbst?

Seth überließ Inspektor Zinnkrug das Teekochen und schlich sich zum Empfangstresen.

Um durch die winzige Tür zu kommen, musste er sich bücken. Noch nie hatte er bisher einen Fuß in das Arbeitszimmer von Mr Bunn gesetzt. Er trat in den kleinen Raum und schaute sich neugierig um. Lauter Regale, in manchen standen Bücher, aber in den meisten waren ausgebleichte Tierschädel mit leeren Augenhöhlen aufgereiht. Winzige kleine Schädel von Mäusen, die es im Wald zuhauf gab. Und ein großer Schädel mit riesigen gedrehten Hörnern.

Es gab einen bequemen Stuhl mit abgewetzten Armlehnen und Ledersitz. Auf einem kleinen Tisch lag ein Stapel alter Bücher.

Hatte Mr Bunn hier gelernt, wie man die kleinen Schnitzereien zum Leben erweckte?

Im ganzen Raum roch es verbrannt, so als hätte jemand ein kleines Feuer gelegt. Dann sah Seth es: Da war eine Gestalt! Und sie schoss blaue Blitze in die Regale – Angelique Squerr.

Sie wirbelte herum, fing sich aber sofort wieder. »Seth.«

Er hatte keine Ahnung, was er zu ihr sagen sollte, außer dass das Spiel vorbei war und jetzt nur noch die letzten Puzzleteilchen zusammengefügt werden mussten. Wenn er eines sicher wusste, dann, dass sie ihn von Anfang an belogen hatte. Auch dass sie für Dr. Thallomius gearbeitet hatte, war gelogen. Jetzt wollte er endlich die ganze Wahrheit wissen. Er öffnete den Mund, aber die Worte, die er sagen wollte, kamen aus ihrem Mund.

»Es wird Zeit, dass du mir alles erzählst«, sagte Angelique.

»Ich?«, sagte Seth und fasste sich an den Kopf. »*Sie* sind diejenige, die aufhören muss, sich zu verstellen. Ich weiß, dass Sie gelogen haben.«

»Was um alles in der Welt hältst du hier versteckt, Seth?«, sagte sie, als hätte er gar nicht gesprochen.

Sie hob ihren Spazierstock, und Seth wich nervös zurück, die Augen auf die Spitze gerichtet. Mit der ihm wohlbekannten unbeugsamen Entschlossenheit bewegte sie sich auf ihn zu.

»Sag es, Seth. Etwas von ungeheurer magischer Kraft ist hier drin.« Der Spazierstock fing an zu ticken.

Seth wich weiter zurück, die Augen auf Angelique geheftet. Sie hielt inne, ließ die Spitze ihres Spazierstocks aufschnappen und hielt ihn nach oben. Der Spazierstock tickte jetzt wie verrückt.

Sie kniff ihre dunklen Augen zusammen: »Sag's mir!« Sie schickte einen kornblumenblauen Funkenregen in die Wand.

Diesmal war das Grollen heftig, und die Worte *Wich Wracht* donnerten bedrohlich aus der Wand.

Seth wartete darauf, dass der Putz bröckelte.

Angelique hob den Stock Richtung Decke und kam weiter auf

ihn zu. Die Stockspitze leuchtete immer greller, Seth musste die Augen schließen.

Er stolperte zurück, griff nach hinten, um irgendetwas in die Hand zu bekommen, das er im Notfall als Waffe benutzen konnte. Aber er konnte nur Bücher und kleine Schädel ertasten.

Gleich würde er von einem Strahl blauer Funken getroffen werden.

44. Die Wahrheit und nichts als die Wahrheit

Seth wartete bis zum letzten Moment, bis er spürte, dass Angelique ihm ganz nah war. Dann öffnete er die Augen und packte ihren Spazierstock.

An der Tür bewegte sich etwas. Angelique drehte sich um und riss den Stock wieder an sich.

»Inspektor Zinnkrug«, sagte sie leise, einen Moment bevor Zinnkrugs silberhaariger Kopf in der Türöffnung erschien. »Ich habe mich schon gefragt, wo Sie bleiben.«

»Immer einen Schritt hinter Ihnen. Und zwar von Anfang an, fürchte ich.«

Der Wandteppich wurde zur Seite geschoben, und Seth fragte sich schon, ob der baumlange Inspektor wohl durch die Öffnung passen würde.

Schnell sagte er: »Ich habe absolut keine Ahnung, wie der Runaspiegel funktioniert. Ich habe ihn noch nie vorher benutzt. Das ist die Wahrheit und nichts als die Wahrheit. Miss

Squerr ist diejenige, die uns eine Erklärung schuldet. Glauben Sie mir?«

Inspektor Zinnkrug gelang es, in den Raum zu treten, sein Kopf reichte allerdings bis an die Decke. »Meiner Erfahrung nach ist das mit der Wahrheit so eine Sache, Seth. Und genau deswegen möchte ich mal ein Pläuschchen mit Miss Squerr halten.«

Angelique hielt drohend ihren Spazierstock vor sich, was der Inspektor aber einfach ignorierte.

»Man könnte sogar sagen, das ist längst überfällig. Die Wahrheit zu sagen, meine ich.«

Angelique stand an dem Tisch mitten im Raum und blätterte beiläufig in einem der Bücher. *Dämonen und Hexen im historischen Kontext.*

Seth konnte auch die anderen Titel erkennen: *Die Grundlagen des magischen Handwerks zusammengefasst – Dämonologie, Numerologie und Tierkreiszeichen.*

Die Kunst der Magie für jedermann.

Einfache Zaubersprüche für jede Gelegenheit – beeindrucken Sie Ihre Freunde!

Und er hatte gedacht, Mr Bunn würde hier herumsitzen und Zeitung lesen.

»Sie erwarten von mir, dass ich die Wahrheit sage?«

»Warum auch nicht. Ich habe festgestellt, dass das sehr hilfreich sein kann.«

»Seth glaubt, dass ich Dr. Thallomius ermordet habe. Glauben Sie das auch?« Sie schaute beide herausfordernd an.

»Sie haben mir selbst gesagt, dass Sie ihn umgebracht haben«, warf Seth ein.

Ihre Augen wurden noch dunkler. Sie runzelte die Stirn, dann sagte sie: »Ich habe dir gesagt, dass ich mich für seinen Tod verantwortlich fühle. Nicht dass ich ihn umgebracht habe. Ich kann nicht fassen, dass ihr beide denkt –«

»Haben Sie ihn umgebracht?«, fragte Seth unverblümt.

Angelique keuchte. »Natürlich nicht! Ich bin hierhergekommen, um ... nun, um etwas anderes zu suchen, aber es tut mir leid. Es gibt Dinge, die ich nicht sagen kann.«

»Wir wissen, dass Sie nicht wirklich die Assistentin von Dr. Thallomius waren«, sagte Seth. »Sie haben sich hier eingeschlichen, Miss Squerr.«

»Ja, das stimmt irgendwie.«

»Oder hatten Sie beide die Idee hierherzukommen?«, fragte Inspektor Zinnkrug und nahm *Einfache Zaubersprüche für jede Gelegenheit* in die Hand.

»Dr. Thallomius wusste, dass ich mich für diesen Ort interessiere. Das Auswahlverfahren hier war eine wunderbare Gelegenheit. Dr. Thallomius war eigentlich derjenige, der die Chance ergriffen hat. Aber er hat mir nie gesagt, warum er unbedingt hierherkommen wollte.« Sie hob den Spazierstock bis an die Decke, und das Ticken war jetzt so schnell, dass es klang, als würde der Stock jeden Moment explodieren. »Wenn ich ihn doch nur viel mehr gefragt hätte! All das hier war nämlich weit gefährlicher, als er dachte.«

»Dann wusste er also, dass Wich Wracht zu den VWE gehört und dass gegen ihn ermittelt wird«, sagte Inspektor Zinnkrug sanft. »Und im Hotel *Zur letzten Chance* wurde er zuletzt gesehen.«

Seth konnte ihn nur mit großen Augen anstarren. Wie lange wusste Inspektor Zinnkrug schon, dass ein vermisster wissenschaftlicher Magier hier gelebt und, davon ging Seth aus, alles mit schwarzer Magie belegt hatte?

»Ich mache mir Vorwürfe, weil er zu einem Zeitpunkt hierhergekommen ist, an dem er angreifbar war. Aber ich konnte nicht wissen, in welcher Gefahr er schwebte«, sagte Angelique traurig. »Das Mindeste, was ich tun kann, ist, herausfinden, warum er hier war, und zu Ende bringen, was er begonnen hat.«

»Was das angeht«, sagte Inspektor Zinnkrug, »hatte er sicher gute Gründe, zu überprüfen, ob Wich Wracht tot oder lebendig ist. Ich kann mir vorstellen, dass es ihn vor allem interessiert hat, welche magischen Apparate böser Natur hier zurückgelassen wurden.«

»Sie kamen wegen Wich Wracht hierher?«, fragte Seth. »Und nicht, um Dr. Thallomius zu ermorden?«

»Genau. Danke, dass du das klarstellst, Seth.«

Weitere Puzzleteilchen fügten sich zusammen. »Sie sind eigentlich hier, um heimlich zu überprüfen, ob Wich Wracht noch lebt«, sagte Seth. »Ich weiß, was das bedeutet. Ich weiß, wer Sie sind, Miss Squerr, und warum Sie nicht darüber reden können. Sie gehören zu den magischen Geheimagenten.«

45. Es ist eilig

Angelique zuckte kaum merklich zusammen. »Okay, Seth. Sieht so aus, als wäre meine Tarnung aufgeflogen. Aber nenn mich einfach eine Reinigungskraft, magische Geheimagentin ist nicht so meins. Und würdest du jetzt bitte ein paar von meinen Fragen beantworten?«

Aber Seth war noch nicht fertig. »Sind Sie hergekommen, um zu ermitteln und alles hier von schwarzer Magie zu befreien? Bezeichnen Sie sich deswegen als Reinigungskraft?«

Angelique nickte. »Und um alle magischen Texte und Machwerke zu entfernen, die nicht in die falschen Hände geraten sollten.«

»Mein schwarzes Buch«, murmelte Seth.

»Genau. Ich würde gerne alles über dieses kleine, schwarze Buch wissen«, sagte Angelique. »Du hast mal etwas erwähnt, und ich frage mich, wo du die Information wirklich herhast.«

Seth zögerte, aber dann wurde ihm klar, dass es keinen Sinn

mehr machte, seine Geheimnisse für sich zu behalten. »In dem Buch war eine Abbildung von dem Leuchtkäfer-Käfig. Sie ist mir aufgefallen, weil sie wie der winzige Vogelkäfig aussah, den Mr Bunn immer hier hängen hatte.« Er zeigte auf den Haken an der Decke.

Angelique schaute einen Moment nach oben, dann sprang sie auf den Tisch. Sie schickte einen weiteren blauen Funkenblitz in die Decke und las den Magie-Stand ab. Seth hörte, wie Inspektor Zinnkrug das Buch zuschlug, das er in der Hand hielt.

»Gloria hat Dr. Thallomius vorgeworfen, dass er den Leuchtkäfer-Käfig erfunden hat und dann nicht wusste, was damit passierte«, sagte Seth und starrte verunsichert auf den Haken an der Decke. »Meinen Sie – Sie meinen doch nicht, dass der winzige Vogelkäfig von Mr Bunn der Leuchtkäfer-Käfig ist, den Dr. Thallomius erfunden hat? Ein furchtbarer Apparat teuflischster Magie – hier?«

»Dann war DAS der Grund, warum Dr. Thallomius hergekommen ist«, rief Inspektor Zinnkrug. »Er muss geahnt haben, dass der Leuchtkäfer-Käfig in die Hände eines wissenschaftlichen Magiers wie Wich Wracht fallen könnte. Wahrscheinlich hat er jahrelang versucht, ihn aufzuspüren. Der Schlüssel, den er versteckt hat! Er gehört zum Käfig.«

Angelique sprang vom Tisch. »Sie haben den Schlüssel zum Leuchtkäfer-Käfig gefunden?«

Seth und Inspektor Zinnkrug nickten.

»Ja, wir haben einen Schlüssel gefunden«, sagte Seth. »Ich hatte keine Ahnung, wozu er gehört, aber Inspektor Zinnkrug war überzeugt, dass er wichtig ist und Dr. Thallomius ihn nicht ohne Grund mitgebracht hatte. Er wollte wohl den Leuchtkäfer-Käfig zurückbekommen, verschließen und verhindern, dass ihn je wieder jemand benutzt.«

»Dein Mr Bunn muss ja von irgendwoher seine Magie bekommen haben.« Nachdenklich starrte Angelique die Spitze ihres Spazierstocks an. »Eins hat mich von Anfang an verwirrt. Warum waren nicht alle Spuren von Magie verblasst? Ich bin einfach nicht draufgekommen, warum ich immer nur verzerrte Magie abgelesen habe.«

Seth fiel ein, wie Angelique ihm erklärt hatte, dass man mithilfe des Leuchtkäfer-Käfigs die Magie eines anderen Magiers anwenden konnte. Jetzt wusste er es! Mr Bunns Magie ging darauf zurück. So hatte er Henris geschnitzte Figuren zum Leben erweckt. Er hatte die Magie aus dem Leuchtkäfer-Käfig bezogen.

Angelique klemmte sich ihren roten Spazierstock unter den Arm. »Ausgeschlossen, dass Mr Bunn wusste, mit welcher Art von Magie er es zu tun hatte.« Sie sah sich um. »Wenn der Leuchtkäfer-Käfig von Dr. Thallomius in die Hände von Wich Wracht geraten ist, würde das erklären, warum hier so viel Magie ist. Und warum die Magie sogar in die Wände gelangt ist. Aber die entscheidende Frage bleibt«, sie zeigte auf den leeren Haken an der Decke, »wo ist der Leuchtkäfer-Käfig jetzt?« Sie ging zur Tür und hob den Wandteppich an. »Wo sind überhaupt alle?«

»Tiffany ist verschwunden. Und jetzt suchen alle nach ihr«, sagte Seth.

»Sie sind unterwegs zur sogenannten Glühwürmchen-Lichtung«, sagte Inspektor Zinnkrug und folgte Angelique durch die Tür. »Klingt höchst ergötzlich. Ich schlage vor, wir leisten ihnen Gesellschaft.«

»Schnell, wir müssen uns beeilen.« Angelique rannte zur Terrassentür. »Das ist ein mächtiges Werkzeug schwarzer Magie, und einer von denen hat es in die Finger bekommen. Sie haben nicht die leiseste Ahnung, womit sie es da zu tun haben.«

Angelique hob den Spazierstock und versperrte Seth den Weg.

»Du nicht.« Sie funkelte ihn mit ihren dunklen Augen an. »Bleib hier. Es ist viel zu gefährlich.« Dann ging sie hinaus in die Dunkelheit.

Am liebsten hätte Seth sich gewehrt. Aber er hatte noch etwas anderes im Sinn. Etwas Dringendes.

Angelique drehte sich noch mal kurz um. »Hast du wirklich gedacht, ich hätte ihn umgebracht?« Ihre Stimme klang sehr traurig.

Dann, ohne auf eine Antwort zu warten, rannte sie los, Richtung Wald. Seth hörte sie noch rufen: »Hoffen wir, dass nicht noch jemand stirbt.«

46. Die Große Frage

Seth wusste genau, was er zu tun hatte. Sein Gehirn schien genauso laut zu ticken wie Angeliques Spazierstock.

Fürs Erste würde er es Angelique und Inspektor Zinnkrug überlassen, sich um den Leuchtkäfer-Käfig zu kümmern. Ihm ging es um einen ganz anderen magischen Apparat. Einen Apparat, den Wich Wracht eingeschleust hatte.

Er war überzeugt davon, dass jemand gezielt hierher ins Hotel *Zur letzten Chance* gekommen war und bereits alles über die schwarze Magie wusste, die hier lauerte. Und dieser Jemand hatte einen Plan gehabt. Nämlich vor Dr. Thallomius an den Leuchtkäfer-Käfig zu kommen und den General-Magier endgültig verschwinden zu lassen.

Seth raste die Treppe hoch. Was für ein Glück! Um ein Haar wäre er der Schuldige gewesen und hätte niemandem das Gegenteil beweisen können, niemand hätte ihm geglaubt. Aber jetzt begriff er endlich. Jetzt verstand er alles. Und wenn seine

Rechnung aufging, dann konnte er beweisen, wer der Schuldige war. Seine Chance war gekommen!

Oben riss er die Tür zu Zimmer sechs auf. Schnurstracks ging er zum Schreibtisch und suchte nach jenem Gegenstand, der seine Theorie bestätigen würde. Er wusste schließlich ganz genau, was er gesehen hatte – und das war genau hier gewesen.

»Was machst du da?«

Nachtschatten war ihm hinterhergeschlichen.

»Ich hab's kapiert, Nachtschatten. Die Gemälde hier im Hotel sind wie ein Geheimgang. Man betritt ihn mithilfe eines magischen Apparats, des Runaspiegels. Das erklärt auch, warum Gloria in ihrem Zimmer einen grauen Schemen gesehen hat, den sie für Dr. Thallomius hielt.«

Nachtschattens Schnurrhaare zitterten.

»Das ist die Antwort auf alle meine Fragen. Zum Beispiel, wie jemand in den Speisesaal eindringen und Dr. Thallomius' Nachspeise vergiften konnte. Der Mörder kann das nur mit dem Runaspiegel geschafft haben. Aber hier ist er nicht!« Frustriert schlug Seth mit der Hand auf den Schreibtisch.

»Fischadler?«, sagte Nachtschatten.

»Genau. Aber ich muss es beweisen.« Hektisch durchsuchte er alles, was auf dem Schreibtisch herumlag. Kein Runaspiegel. »Als ich ihn das erste Mal gesehen und in die Hand genommen habe, dachte ich, es wäre nur ein Spiegel. Aber es muss ein Runaspiegel gewesen sein. Wo ist er bloß? Wie soll ich denn sonst irgendwas beweisen?« Panik ergriff ihn.

Nachtschatten hüpfte auf den Tisch.

»Er war vorbereitet, nicht wahr? Wusste gut Bescheid«, fauchte sie. »Bevor er hier überhaupt angekommen ist, wusste er schon, wie er sich Zutritt zu allen Räumen verschaffen konnte, durch jede verschlossene oder verzauberte Tür.«

»Ich hatte die Antwort die ganze Zeit direkt vor der Nase. Ich hätte wissen müssen, dass der Spiegel ein magischer Apparat ist, weil er ja manchmal andere Räume gezeigt hat.«

»Du konntest es nicht wissen, Seth. Und du bist jetzt ja draufgekommen.«

»Aber wie soll ich es nur beweisen? Ohne den Spiegel bin ich aufgeschmissen.«

»Mach dir mal keine Sorgen. Ich habe den Beweis, den du brauchst.«

Geschmeidig lief Nachtschatten durchs Zimmer und deutete auf etwas an der Tür. Es war eine Karte, eine Art Spielkarte. Sie war mit einer goldenen Nadel in Form eines Dolches an die Tür geheftet. Eine rote Blume war darauf abgebildet.

Seth machte die Karte ab und starrte sie an. »Ich weiß genau, was für eine Blume das ist: *Centranthus ruber*, Rote Spornblume.«

»Fischadler ist Ruber Centranthus!«

Seth sah den trotteligen Fischadler vor sich. Er konnte ihn sich beim besten Willen nicht als Mörder vorstellen.

»Ich glaube eher, dass Fischadler auf Befehl gehandelt hat«, sagte Seth und steckte die Karte ein.

»Es war von Anfang an Ruber Centranthus' Plan, Dr. Thallomius loszuwerden – und gleichzeitig einen so mächtigen magischen Apparat in die Hände zu bekommen. Und bisher, Nachtschatten, ist er damit durchgekommen.«

Irgendetwas Merkwürdiges zog Seth zum Fenster.

»Fischadler war doch dafür verantwortlich, alle Ausgänge zu schließen«, sagte Nachtschatten. »Ob er schlau genug war, sich vorab einen Fluchtweg zu sichern? Vielleicht ist er längst über alle Berge.«

Seth sank das Herz in die Hose. »Das darf nicht wahr sein! Was um alles in der Welt ist das?«

Draußen im Wald, dort bei der Glühwürmchen-Lichtung, glühte ein grelles, beinahe phosphoreszierendes grünes Leuchten durch die Bäume.

»Was zum Teufel ist das?«, sagte nun auch Nachtschatten.

»Lass es uns herausfinden«, sagte Seth. Ihm war ganz übel. »Aber das bedeutet nichts Gutes.«

47. Unerwartete Kräfte

Sie stürzten nach draußen und rannten in die Richtung, aus der das grüne Glühen kam. Es schien, als wäre der Wald näher gerückt.

Die Bäume standen so dicht beieinander, dass nach einer Weile nicht mal mehr das seltsame Glühen zu sehen war. Seth blieb stehen. Hier im Wald war es immer gut, kurz innezuhalten und einfach zu lauschen.

Er blieb stehen, Atem und Herzschlag beruhigten sich, das Flüstern des Waldes war zu hören. Was wollte er ihm sagen?

Dunster-Dunstable auf seinen viel zu kurzen Beinen, Professorin Papperspuk mit ihrem wallenden Kleid und ihrem Gehabe, Gloria und die anderen – sie alle sollten hier draußen sein und nach Tiffany suchen. Bei zunehmender Dunkelheit in einem nasskalten Wald herumzuirren, war wohl kaum ihre Absicht. Zumal der Erdboden matschiger wurde, je weiter sie sich vom Hotel entfernten und dem Fluss näher kamen.

Wo waren sie denn alle?

Er konnte kein Rufen hören, nichts. Es war dunkel und unheimlich still. Aus der Ferne hörte Seth irgendetwas Vertrautes. Die Nacht trug das Geräusch von rauschendem Wasser zu ihm her. Er und Nachtschatten mussten also fast am Fluss sein. Hatten sie Tiffany gefunden? Hatte er sie irgendwie verpasst, und alle waren schon längst wieder zurück im Hotel, saßen gemütlich im Salon und tranken Tee? Aber wo war der Leuchtkäfer-Käfig?

Ein durchdringender Schrei zerriss die Stille.

Seth kämpfte sich mühsam nach vorne, Nachtschatten an seiner Seite. Ständig stolperte er über irgendwelche Wurzeln. Und fast wäre er über Inspektor Zinnkrug und Angelique gestolpert. Sie hockten im dichten Gebüsch.

»Was machen Sie denn hier? Was ist hier eigentlich los?«, fragte Seth.

Aber ihre Antwort erübrigte sich, als er nach vorne schaute. Dort spielte sich ein Albtraum ab: Die Professorin, Miss Trottelbohne, Master Dunster-Dunstable und der Graf sowie Horatio, Norrie Bunn und Henri kauerten alle im Kreis, krallten sich aneinander fest und in ihren grün angeleuchteten, gequälten Gesichtern stand die nackte Angst.

Sie waren umzingelt von einer Ansammlung geschnitzter Geschöpfe, teils aus Holz, teils aus Gemüse, die nur Henris Werk sein konnten. Genauso hatte Angelique Mr Bunns Magie beschrieben, als er die Figuren zum Leben erweckt hatte.

Nur waren sie jetzt zu Monstern ausgewachsen: Riesige Kreaturen, mit leeren Augenhöhlen und klobigen, knackenden Gliedmaßen, fuchtelten wild in der Dunkelheit herum. Sie hatten einen Kreis um die Hotelgäste und die Belegschaft gebildet, die allesamt in ihrem Schatten zitterten. Hätte einer von ihnen versucht, den Kreis zu verlassen, wäre er garantiert zerquetscht worden.

Inspektor Zinnkrug entfachte ein Licht in seiner Handfläche, so hell wie ein Streichholzflämmchen. Es wuchs in seiner hohlen Hand zu einer Flamme heran, während der Inspektor zu überlegen schien.

Seth warnte ihn flüsternd: »Diese Wesen werden bei Feuer zwar wohl verbrennen, aber aller Wahrscheinlichkeit nach wird auch alles andere brennen wie Zunder. Dann sind sie von einer Feuerwand eingeschlossen – und was ist, wenn die den Wald erreicht?«

Inspektor Zinnkrug löschte die Flamme sofort.

Seth schaute ihn und Angelique an. Auch ihre Gesichter hatten einen grünlichen Farbton. »Sie sind beide Magier – können Sie nicht bewirken, dass diese Kreaturen wieder auf ihre normale Größe schrumpfen?«

»Hier ist rundherum schon viel zu viel Magie«, erklärte Angelique. »Wenn noch mehr dazukommt, fliegt uns das Ganze um die Ohren.«

Seth wandte sich um und schaute über die Horrorszene hinweg in die Dunkelheit und auf den rauschenden Fluss. Es musste doch einen Weg geben, um sie zu befreien! Er konnte gerade noch erkennen, wo das grüne Licht herkam. Wo war Fischadler überhaupt?

Seth kroch erst und rannte dann los, zwischen den Bäumen

hindurch Richtung Wasserfall. Die Dunkelheit jenseits des Lichts und der Wald, von dem er jeden Zentimeter kannte, schützten ihn.

Je näher er kam, desto heller wurde das Licht. So hell, dass Seth sich schützend die Hände vors Gesicht halten musste. Trotzdem konnte er eine kleine Gestalt ausmachen. Sie hielt einen Gegenstand hoch, der grelle Lichtstrahlen aussandte. Die Luft war erfüllt von einem penetranten Gestank nach verbrannten Orangen, gemischt mit dem Rauch eines verglühenden Feuers.

Seine einzige Chance bestand darin, sich von hinten anzunähern und die Person zu überrumpeln. Aber jetzt drehte sie sich um. Seth erkannte sie. Sie hielt einen winzigen Käfig hoch und zwischen den Gitterstäben strömte wunderschönes gold-grünes Licht hervor. Tiffany. Ihr weißes Gesicht glühte triumphierend im Schein des Käfigs.

Seth kam langsam näher. Tiffany benutzte den Käfig, um die monströsen Holz- und Gemüsefiguren zu kontrollieren. Sogar ihre Eltern und Henri beobachteten entsetzt, wie sie den Kreis baumlanger, schwerfälliger Gestalten steuerte. Wie Zombies stolperten sie blind herum, gelenkt von den Lichtstrahlen aus dem Käfig.

Seth wusste, dass er es schaffen konnte. Er kam näher und wollte gerade springen, als ihm eine Faust aus dem Nichts ins Gesicht schlug. Er taumelte, sah Sterne – doch er blieb mit aller Macht aufrecht stehen.

»Seth! Das wollte ich schon bei unserer ersten Begegnung machen.«

48. Ungestraft davonkommen

»Wenn das nicht mein Lieblings-Hauptverdächtiger ist! Ich hätte dich hinter Schloss und Riegel verschimmeln lassen sollen. Ich bin zu weich, das ist mein Problem.«

Seth biss die Zähne zusammen, damit Fischadler nicht merkte, wie gewaltig ihm sein Faustschlag wehtat. Es konnte gar nicht anders sein – Fischadler hatte tatsächlich Dr. Thallomius ermordet. Doch jetzt galt es, die anderen vor Tiffany zu schützen.

»Wir müssen sie –« Weiter kam er nicht.

Er spürte, wie ihn etwas am Bein packte und festhielt. Fischadler stand ein Stück entfernt, also konnte es sich nur um Magie handeln. Unerbittlich kam Fischadler auf ihn zu und packte ihn jetzt ebenfalls mit einer schnellen Bewegung. Er nahm Seth in den Schwitzkasten und drehte seinen Arm so nach oben, dass er aufschrie.

»Ich dachte, es würde einfach werden, dir die Schuld in die Schuhe zu schieben. Eigentlich wollte ich gestern schon von hier abhauen, zusammen mit dir in Handschellen. Seis drum. Du bist echt eine Nervensäge, Seth. Zeit, dass ich den Spieß umdrehe.«

Seth versuchte sich aus Fischadlers Griff herauszuwinden, aber er hielt ihn zu fest. Wenn er seinen Arm nicht bald losließ, würde er vor Schmerz gleich umkippen.

»Sie haben Dr. Thallomius ermordet«, sagte er mit zusammengebissenen Zähnen.

»Und ich werde ungestraft davonkommen. Daran wirst du nichts ändern. Ich war dir immer einen Schritt voraus.«

»Einen Schritt voraus? Warum dann Tiffany mit reinziehen? Weil Sie es allein nicht geschafft haben, mir die Schuld zuzuschieben. Sie haben versagt.« Wieder wand sich Seth in Fischadlers Griff, der aber drehte seinen Arm jetzt so weit nach oben, dass Seth Angst bekam, er würde brechen. Vor Schmerz verschwamm alles vor seinen Augen. Trotzdem verlor er sein Ziel nicht aus den Augen. Fischadler hatte Dr. Thallomius ermordet! Er durfte nicht ungestraft davonkommen. Und er, Seth, würde alles dransetzen, um das zu verhindern!

»Das ist genau dein Problem«, zischte Fischadler ihm ins Ohr, »du bist immer im Weg. Deinetwegen musste ich meine Pläne ändern und Tiffany mit einspannen.« Er hob den Arm, zeigte mit dem Finger auf ihn und warf gleichzeitig einen Blick Richtung Tiffany. Fischadler war nur für einen ganz kurzen Moment abgelenkt, aber der reichte Seth, um ihm mit seinem Stiefel so gegen den Knöchel zu treten, dass Fischadler aufheulte.

Noch nie hatte Seth absichtlich jemand anderem Schmerz zugefügt. Doch er dachte an Dr. Thallomius und ballte seine freie Hand zur Faust. Der Schlag musste sitzen. Er hatte nur diese eine Chance. Mit voller Wucht haute er Fischadler die Faust ins Gesicht.

»Dafür, dass Sie mich in die Besenkammer gesperrt haben.«

Er riss den Ellbogen hoch und traf Fischadler damit unterm Kinn.

»Und das ist für Dr. Thallomius.« Fischadler lag ausgestreckt auf dem Boden. Seth rannte los zu seinem nächsten Ziel. Er wusste, dass er nur ein paar Sekunden Vorsprung hatte.

Er stürzte auf Tiffany zu und hätte es beinahe geschafft, doch da stieß Fischadler eine Warnung aus.

Tiffany drehte sich um und erwischte ihn in letzter Sekunde. Zuerst triumphierte sie, doch dann erschrak sie. Ein heimtückisches Grinsen kehrte jedoch in ihr Gesicht zurück, als sie Seth erkannte.

Doch der gab nicht auf. Er griff nicht etwa nach dem Käfig, sondern rannte einfach, beide Hände voran, mitten in Tiffany rein. Sie stolperte völlig überrumpelt rückwärts. Den Käfig ließ sie allerdings nicht los. Seth stellte ihr zusätzlich noch ein Bein, sodass sie der Länge nach auf dem Boden aufschlug. Jetzt ließ sie den Leuchtkäfer-Käfig fallen. Seth wirbelte herum und sah, dass die geschnitzten Wesen einfach umkippten, der Lichtstrahl erlosch, so als hätte man den Stecker gezogen. Die riesigen Kreaturen schrumpften mit letzten zuckenden Bewegungen auf ihre ursprüngliche Größe zurück.

Tiffany lag am Boden und kroch auf Seth zu. Aber er war schneller, keilte nach hinten aus und griff nach dem Leuchtkäfer-Käfig.

Ohne das magische Leuchten konnte er allerdings kaum etwas erkennen. Im Licht von Mond und Sternen waren nur undeutliche Schatten und das grüne Schimmern der Glühwürmchen-Lichtung auszumachen.

Etwas traf ihn mit voller Wucht in die Seite. Er fiel zu Boden, landete mit der Schulter auf der weichen Erde. Zwar konnte er fast nichts sehen, aber er wusste, dass Fischadler neben ihm war. Und der Leuchtkäfer-Käfig ebenfalls. Wie blind scharrten sie beide im Dreck.

Jetzt bekam er den Käfig zu fassen und packte ihn. Fischadler schrie vor Wut, als er begriff, dass Seth ihn geschlagen hatte. Er warf sich auf ihn und fing an ihn zu würgen. Seth verlor beinahe das Bewusstsein, ehe er begriff, dass er ja eine Waffe in der Hand hielt. Er schlug Fischadler den Leuchtkäfer-Käfig auf den Kopf. Fischadler ließ los und fiel der Länge nach hin. Seth atmete tief auf. Was war mit den anderen? Waren sie in Sicherheit?

Zusammengekrümmt stand er da. Von Fischadlers brutalem Griff tat sein Arm weh, und sein Hals fühlte sich an, als hätte er Schleifpapier geschluckt. In der Dunkelheit rannte ein Schatten an ihm vorbei. Das konnte nur Tiffany sein.

Sie rannte Richtung Wasserfall. Kein guter Fluchtweg. Das warnende Rauschen der Stromschnellen erfüllte die Luft. Seth hatte keine andere Wahl, als ihr nachzukraxeln. Die Mondsichel kam hinter einer Wolke hervor, aber er konnte trotzdem kaum etwas erkennen, weil schäumende Gischt die Luft erfüllte. Tiffany ging jetzt genau am Wasserfall entlang.

Sie kletterte, Seth folgte ihr nach, den Leuchtkäfer-Käfig noch immer in der Hand. Je höher sie kamen, desto rutschiger wurde der Fels.

Jemand griff von hinten nach ihm, und plötzlich spürte er eine scharfe Klinge an der Kehle.

»Weiter gehst du nicht, Seppi«, sagte Fischadler direkt in sein Ohr. »Her damit!« Er musste schreien, so laut rauschte das Wasser. Fischadler trieb ihn mit der Klinge vor sich her, näher und näher an den Rand des Felsens. Seth konnte nur zurückweichen, den Leuchtkäfer-Käfig noch immer in der Hand, bis er auf einem Vorsprung direkt über dem tobenden Fluss stand. Es überraschte ihn, dass Fischadler und Tiffany zum Wasserfall gegangen waren. Was hatten sie vor? Mit Hilfe konnte er hier nicht rechnen. Wenn überhaupt jemand gesehen hatte, in welche Richtung sie gegangen waren, würden sie ihn nicht mehr einholen können.

Das Messer blitzte silbern in Fischadler Hand.

Seth hatte keine andere Möglichkeit. Er würde ihm den Leuchtkäfer-Käfig aushändigen müssen. Außer er ließ sich in das tosende Wasser fallen. Ja, die Möglichkeit hatte er. Und er würde das böse Machwerk mit sich nehmen. Es wäre sein Ende und das des Leuchtkäfer-Käfigs. Sein einziger Ausweg.

Über Fischadlers Schulter konnte er sehen, dass Tiffany den steinigen Weg entlangstolperte und immer langsamer vorankam.

Aber er sah noch etwas. Jemand war Tiffany dicht auf den Fersen. Die massige Gestalt von Graf Ruino.

Ein blauer Blitz traf Fischadlers Brust. Das Messer fiel zu Boden, als hätte es sich auch in einen Blitz verwandelt. Seth wandte sich um und sah Angelique mit wild entschlossenem Gesicht auf sie zukommen. Fischadler reagierte blitzschnell und griff nicht nach Seth, sondern nach dem Leuchtkäfer-Käfig. Jetzt hielten sie ihn beide fest und keiner wollte loslassen. Sie rangen und rutschten auf dem gefährlichen Felsvorsprung. Seth verlor den Halt, taumelte, hörte das Wasser donnern, aber er ließ nicht los.

Angelique holte mit ihrem Spazierstock gegen Fischadlers Beine aus. Der lockerte seinen Griff um den Käfig, und Seth drohte nach hinten zu kippen. In letzter Sekunde packte ihn eine Hand. Mit festem Griff wurde er vom Abgrund weggezogen. Er machte die Augen auf und schaute direkt in die dunklen Augen von Angelique Squerr. Dann konnten beide gerade noch sehen, wie Fischadler davonsprang, den Leuchtkäfer-Käfig wie eine Trophäe fest umklammert.

Obwohl der Wasserfall so laut donnerte, dass sie ihn gar nicht hören konnte, sagte Seth: »Danke.«

Er wusste nicht, warum Fischadler Richtung Wasserfall unterwegs war, aber er konnte sehen, dass Tiffany genau in die gleiche Richtung kletterte, dicht gefolgt vom Grafen.

So erschöpft er auch war, quälte Seth sich weiter. Langsam und mühsam holte er Fischadlers Vorsprung auf. Tiffany und der Graf waren weiter vorne, und Angelique rückte auch immer näher. Langsam kraxelten sie alle nach oben. Die Gischt hatte sie durchweicht und machte es fast unmöglich, etwas zu sehen.

Als Fischadler nur noch eine Armeslänge von ihm entfernt war, griff Seth ihn erschöpft an. Fischadler trat nach ihm, kletterte seitlich weiter über die Felsen, höher und höher bis zur Fallkante des Wasserfalls, wo das Wasser kaskadenartig aus dem Berghang schoss. Den Leuchtkäfer-Käfig ließ er nicht los.

Mit voller Wucht rannte Tiffany von der Seite in Seth rein. Ihm blieb die Luft weg. Sie versuchte ihn zu treten, doch Seth griff nach ihrem Fuß und zog mit einem Ruck ihr Bein hoch. Sie knallte mit dem Gesicht voraus auf den Boden, drehte sich aber sofort um und grinste Seth mit ihren perfekten weißen Zähnen an, wie um zu sagen: Mir hast du nicht wehgetan.

Es fiel ihm viel leichter als gedacht, sie zu schlagen, vielleicht, weil er es sich schon so oft vorgestellt hatte. Tiffany schrie auf, als seine Faust ihre Nase traf, so hart, dass Blut heraussickerte.

Seth ließ sie liegen und krabbelte Fischadler über die rutschigen Felsen hinterher. Seine Hand tat weh. Er atmete schwer. Völlig durchweicht, mit Tiffanys Blut beschmiert und kaum fähig, einen Ton von sich zu geben, weil Fischadler ihn so sehr gewürgt hatte. Aber er würde nicht aufgeben, er musste Fischadler aufhalten und den Leuchtkäfer-Käfig zurückbekommen.

Jetzt hielt Fischadler etwas in die Höhe und winkte damit. Seth erkannte sein kleines schwarzes Buch. Fischadler schwang es hin und her und hielt es drohend über den reißenden Fluss. Seth konnte es schaffen, er konnte Fischadler noch rechtzeitig erreichen. Der lachte und pfefferte sein kostbares Buch im hohen

Bogen in den reißenden Fluss. Ohne nachzudenken, hechtete Seth nach vorne und bekam sein Buch in allerletzter Sekunde zu fassen, bevor es für immer im Fluss verschwunden wäre. Als er sich wieder umwandte, streckte Tiffany Fischadler gerade die Hand entgegen. Fischadler wollte danach greifen, doch zu seiner Überraschung riss sie ihm jetzt den Leuchtkäfer-Käfig aus der Hand und schubste ihn. Er war so verdattert, dass er noch nicht einmal versuchte sie aufzuhalten. Trotzdem haute sie ihm mit voller Wucht den Käfig gegen den Kopf.

Sie waren inzwischen sehr weit oben, fast über dem Wasserfall. Der große, flache Stein neben dem rauschenden Wasser, an dem Tiffany jetzt stand, schimmerte auf seltsame Art, so als würde er verschwinden. Seth wusste sofort, dass irgendetwas nicht stimmte, aber es war zu spät.

Tiffany, in einer Hand den Leuchtkäfer-Käfig, berührte mit der anderen den großen, flachen Stein.

Und dann war sie weg. Spurlos verschwunden.

49. Letzte Hoffnung

Seth blickte auf den Stein, neben dem sich Tiffany vor seinen Augen buchstäblich in Luft aufgelöst hatte.

»Tja«, sagte eine Stimme, und Inspektor Zinnkrug tauchte neben ihm auf. Wasser tropfte aus seinen Haaren und von seiner Nasenspitze. Er deutete auf den Stein. »Das wird am Montag eine Menge Papierkram geben.«

Fischadler schrie vor Wut. Auch er war völlig durchnässt, seine Haare klebten am Kopf, der Schnurrbart hing herunter. »Sie ist mit dem Teleport abgehauen, den *ich* eingerichtet habe! Und sie hat den Leuchtkäfer-Käfig! Wir müssen hinterher, wir müssen sie aufhalten, wir –«

»Gar nichts müssen wir«, knurrte Inspektor Zinnkrug. »Ich verhafte Sie hiermit im Namen der MaPo.« Er nahm etwas aus seiner Tasche, das aussah wie dünner grüner Bindfaden. Ob er noch etwas Passenderes zum Festnehmen bei sich hatte als Zwirn, mit dem man bestenfalls Tomaten anbinden konnte?

»Nein!« Fischadlers restliche Tirade ging im Rauschen des Wassers unter. Er warf einen Blick auf den grünen Bindfaden und wich zurück, nicht ohne vorher brutal gegen Inspektor Zinnkrug zu treten, der aber geschickt auswich. Seth bekam gar nicht mit, wie er Fischadler die Hände hinter den Rücken fesselte. Fischadler hörte sofort auf zu brüllen und zu zappeln und wurde vollkommen ruhig. Er bewegte sich gar nicht mehr, schien vielmehr wie ein Ballon zu schweben.

»Magische Festnahme«, erklärte der Inspektor.

Das waren die letzten Worte, die Seth noch hörte. Ihm wurde schwindlig. Nach all den Schlägen und Hieben, die er abbekommen hatte, schmerzte sein ganzer Körper; und die Jagd durch den Wald und der Aufstieg zum Wasserfall hatten so viel Kraft gekostet. Die Beine knickten ihm weg, und erschöpft brach er vor Inspektor Zinnkrugs Füßen zusammen.

Irgendjemand musste ihn ins Bett gelegt haben. Sein erster Gedanke war, dass er so lange wie möglich liegen bleiben wollte, sich in die Kissen schmiegen und nie wieder aufstehen. Nachtschatten schlief zu seinen Füßen. Seth bewegte sich ganz vorsichtig, um sie nicht zu wecken.

Mühevoll hob er die Hand und fasste sich vorsichtig an den Kopf, der sich so groß wie eine Wassermelone anfühlte. Er pochte vor Schmerz, als würde jemand die Wassermelone mit einem Hammer bearbeiten.

Aber er musste wissen, was da vor sich ging, also quälte er sich nach unten und folgte dem Klang von Stimmen in die Küche. Er tastete nach seinem kleinen schwarzen Buch – vergeblich. Jemand hatte es ihm abgenommen. Als er an die Küchentür herangeschlichen war, hörte er drinnen den Grafen schluchzen.

»Warum? Warum musste er ihn umbringen?«

»Ich bezweifle sehr, dass Fischadler schlau genug war, das auszuhecken.« Seth hörte, wie Inspektor Zinnkrug seinen Tee rührte. »Ich schätze, er war nur Befehlsempfänger.«

»Von Ruber Centranthus? Ihm den Leuchtkäfer-Käfig zu bringen und dabei noch Dr. Thallomius beseitigen?«

Seth öffnete die Küchentür und trat ein. Nur Inspektor Zinnkrug, der Graf und Angelique waren da.

Inspektor Zinnkrug nickte gerade. »Es fing an schiefzugehen, als er Seth nicht mehr die Schuld zuschieben konnte. Da war er schon überfordert. Und dann hat Tiffany auch noch rumgeschnüffelt und sich eingemischt.«

»Köpfchen hat sie ja, aber bisher hat es sich für Tiffany nie gelohnt, es auch einzusetzen«, sagte Seth. Ihm fiel auf, dass die Küche aufgeräumt war und es nach gekochten Eiern und Toast duftete.

Alle wünschten ihm einen guten Morgen. Seth warf einen Blick auf die gesprungene Küchenuhr und konnte kaum glauben, dass er so viele Stunden geschlafen hatte. Es war schon Morgen.

Die anderen Gäste waren sicher schon abgereist, die Bunns und Henri schliefen entweder noch oder hatten sich wohlweislich rargemacht.

War es wirklich vorbei? Stand er wirklich nicht mehr unter Verdacht?

Er musste daran denken, wie Tiffany das kleine schwarze Buch und die Goldmünze aus seinem Zimmer geholt hatte. Und er gezwungen wurde, das Fläschchen mit dem Gift zu zeigen. Da hatte er gedacht, dass es mit ihm vorbei war, dass es keine Chance mehr gab, seine Unschuld zu beweisen.

Inspektor Zinnkrug drückte ihm eine Tasse starken schwarzen Tee in die Hand. »Ich hoffe, du hast gut geschlafen. Wir sind seit zwei Jahren hinter Ruber Centranthus her und hatten nicht einen einzigen Anhaltspunkt, nur viele unangenehme und verdächtige Todesfälle«, sprach der Inspektor weiter und wandte sich wieder an den Grafen. »Ich habe Fischadler an ein paar Leute ausgeliefert, die entzückt sein werden, ihn zu verhören.«

Seth hoffte, dass Fischadler eine sehr lange Zeit in einer dunklen Zelle verbringen würde, vor der er sich selbst die ganze Zeit gefürchtet hatte.

»Fischadler hatte den gleichen Runaspiegel wie ich«, erklärte er. Die Kehle tat ihm noch immer von Fischadlers Würgegriff weh. »So ist er mit dem Gift in den Speisesaal gekommen – und hat die Schuld auf mich geschoben. Es war alles geplant.«

Er hatte noch gar keine Gelegenheit gehabt, zu erzählen, dass er Ruber Centranthus' Visitenkarte in Fischadlers Zimmer entdeckt hatte. Steif und unter Schmerzen bewegte er sich auf Inspektor Zinnkrug zu und gab ihm die Karte. »Das beweist wohl, dass er für Ruber Centranthus gearbeitet hat?«

»Wenigstens haben wir unseren Mörder, Boldo, selbst wenn es etwas länger dauern mag, bis wir den Leuchtkäfer-Käfig wiederhaben«, sagte Inspektor Zinnkrug.

»Ich verstehe noch immer nicht, wie Fischadler fast damit durchgekommen ist«, sagte der Graf und schüttelte den Kopf. »Die vergiftete Nachspeise hat uns alle verwirrt, es war so schwierig, ihm das nachzuweisen. Glatt wie ein Aal, der Bursche.«

»Bis wir die ganze Wahrheit aus Fischadler rausbekommen haben, kann ich nur Vermutungen anstellen«, sagte Inspektor Zinnkrug. »Aber Fischadler hatte mithilfe des Runaspiegels Zutritt zu allen Räumen des Hotels und viele Gelegenheiten, um jemanden umzubringen. Torpor war ihm ausgeliefert.« Nachdenklich trank er einen Schluck Tee. »Er hatte bestimmt auf eine gute Gelegenheit gewartet – darauf, jemand anderem die Schuld anhängen zu können. Wir wissen, dass er das Gift mitgebracht hat. Vielleicht wollte er zuerst einfach in Torpors Zimmer schleichen, als der allein war, wer weiß das schon? Später hat er gesehen, wie die Nachspeise in den Speisesaal gebracht wurde und dass sie nur für Dr. Thallomius bestimmt war. So eine perfekte Gelegenheit konnte er sich nicht entgehen lassen.«

Seth ließ sich auf einen Stuhl neben Angelique fallen. Sie betrachtete nachdenklich die Spitze ihres Spazierstocks. Vor ihr stand eine Tasse Kaffee.

»Als Tiffany entdeckt hat, dass alle Gäste im Hotel etwas mit Magie zu tun hatten, wird sie verzweifelt jede Chance genutzt haben, um davon zu profitieren. Fischadler konnte nicht wissen, dass sie bei der erstbesten Gelegenheit den Spieß umdrehen würde. Sie hat sofort zugegriffen, die erste Möglichkeit genutzt, einen unglaublich machtvollen magischen Apparat in die Hände zu bekommen. Und ihn auf schreckliche und grauenvolle Art einzusetzen«, murmelte er.

Inspektor Zinnkrug legte Seth eine beruhigende Hand auf die Schulter. »Magie hat auf manche Leute eine zerstörerische Wirkung.«

»Hat sie nun Magie in den Händen? Die Macht dieses Apparates?«

Seth dachte an die schwerfälligen, augenlosen Kreaturen und wusste, dass das nicht einfach schwarze, sondern tiefschwarze und grauenvolle Magie war.

»Bevor sie herausgefunden hat, wie man ihn einsetzen kann, haben wir sie schon erwischt«, versicherte Inspektor Zinnkrug und schaute auf seine verzierte Uhr. »Ich würde sagen, es besteht eine Chance von 50:50, dass sie verbrutzelt, wenn sie versucht ihn zu benutzen.«

»Und die anderen 50 Prozent, Zinnkrug?«

»Dass sie das mächtigste Mädchen des Universums wird.«

50. Pure Magie

Angelique war noch immer mit der Spitze ihres Spazierstocks beschäftigt, die jetzt blau leuchtete. Dann ließ sie ihn zuschnappen, tippte den Stock leicht mit dem Schuh an und nickte Inspektor Zinnkrug unauffällig zu.

Der wandte sich an den Grafen: »Wir greifen Tiffanys Spur womöglich schneller auf, als du denkst. Vielleicht haben wir gerade unseren wertvollsten Hinweis erhalten. Wir sollten dem nachgehen.«

Hieß das, Angelique war es gelungen, auf irgendeine Weise abzulesen, wohin Tiffany verschwunden war?

»Nun, dieser Teleport wird nicht mehr allzu lange offen sein«, sagte der Graf. »Ich sollte mal los.« Er verabschiedete sich.

»Darf ich wissen, was mit meinem Buch geschehen wird?«, fragte Seth.

Es war in seiner Hand immer warm geworden und schien dort hinzugehören. Dass er eine solche Verbindung zu einem Buch hatte, das wahrscheinlich ein schwarzer Magier geschrieben hatte, sollte er wohl besser nicht zugeben. Aber er konnte die Vorstellung plötzlich nicht ertragen, das Buch nicht mehr bei sich zu haben.

Inspektor Zinnkrug, der gerade den Wasserkessel auffüllte, wandte sich um. Seine Augen leuchteten blau, und er lächelte. Er zog das Buch aus seiner Tasche und reichte es Seth.

Seth steckte es schnell in seinen Kittel, jetzt war es wieder direkt an seinem Körper. Es schien zu glühen. Bestimmt war es die Sorte Magie, die Angelique nicht guthieß.

Er schaute auf, weil sie jetzt genau vor ihm stand. »Ich glaube, du hast es immer noch nicht begriffen«, sagte sie.

»Doch, hab ich. Sie sind eine magische Geheimagentin, die gegen die Vermissten, wahrscheinlich Explodierten, ermittelt. Ihre Aufgabe ist es, herauszufinden, wer wirklich bei der Schlacht ums Leben gekommen ist – und wer sich nur versteckt hält. Ich weiß sogar, *wie* Sie das machen: Sie gehen in Gebäude, von denen man weiß, dass dort Magie vorgekommen ist. Und wenn davon auch nur ein Hauch übrig ist, entfernen Sie zum Beispiel alle magischen Machwerke. Das nennt man dann ›Reinigung‹. Sehen Sie, ich habe sehr wohl begriffen. Ich weiß zum Beispiel auch, dass Sie nur aus diesem Grund hergekommen sind. Sie waren Wich Wracht auf der Spur, einen VWE. Sie müssen nämlich herausfinden, ob er tot oder lebendig ist. Obwohl ich noch immer nicht glauben kann, dass dieser Wich Wracht, dieser schwarze Magier, hier in diesem Hotel gelebt hat. Und den Leuchtkäfer-Käfig von Dr. Thallomius besaß. Er muss sich jahrelang hier aufgehalten haben. Und weil er ein wissenschaftlicher Magier war, hat er bestimmt ganz viele teuflische magische Experimente durchgeführt. Das Buch gehört wahrscheinlich ihm, aber wenn Sie erlauben, würde ich es gerne behalten.«

Sowohl Angelique als auch Inspektor Zinnkrug schwiegen. Seth versuchte zu verstehen, was sie ihm nicht sagten.

»Die magische Vergangenheit dieses Ortes – Sie wollen doch nicht – Sie meinen, Mr Bunn stammt von einer magischen Familie ab?«, fragte er entsetzt. Weitere Puzzleteilchen setzten sich zusammen, und das Bild, das er sah, gefiel ihm überhaupt nicht. »Dieses Haus –? Er hat doch einfach einen Weg gefunden, den Leuchtkäfer-Käfig zu benutzen, oder?« Ein noch schrecklicherer Gedanke ging ihm durch den Kopf. »Tiffany – die Magie ist doch nicht etwa an sie vererbt worden?«

»Ich stimme dir zu – dieses Haus bedarf dringend einer gründlichen Reinigung«, sagte Angelique schnippisch. »Und was sich da wohl alles findet! Magie ist noch in den Wänden und ganz sicher auch im Garten. Aber keine Sorge, die Bunns sind keine magische Familie.«

Seth atmete erleichtert auf.

Inspektor Zinnkrug fing laut zu lachen an. »Das war wohl mehr als genug an Aufregung.« Er beugte sich zu Seth. »Ich verstehe ja, dass es hier schön ist – der gespenstische Wald, die Glühwürmchen, die Häschen. Was weißt du über deine Herkunft, Seth? Was haben die Bunns dir über deine Eltern erzählt?«

»Mein Vater hat hier als Koch gearbeitet und ...«

»Seth, du hast gerade gesagt, dass Wich Wracht ... hör zu, dir ist schon klar, dass Wich Wracht eine Frau ist?«, sagte Angelique. »Und sehr wahrscheinlich ist sie deine Mutter.«

Seth blinzelte vor Überraschung. Er konnte nicht fassen, was sie da gerade gesagt hatte. Er hatte das Gefühl, gleich wieder in Ohnmacht zu fallen. »Aber ... aber Wich Wracht ist ein finsterer VWE und kann nicht meine Mutter sein.«

»Dem muss gründlich nachgegangen werden«, sagte Angelique. »Aber wahrscheinlich schon.«

Dann war Angelique hierhergekommen, um herausfinden, ob seine Mutter tot oder lebendig war.

Das war unglaublich. Es war zu viel auf einmal.

Seth konzentrierte sich. Hatte er irgendeine Erinnerung an seine Mutter? Wenn er versucht hatte, mit seinem Vater über sie zu sprechen, war der entweder immer ganz still geworden oder er hatte sich aufgeregt. Irgendwann hatte Seth es bleiben lassen.

War sie wirklich eine schwarze Magierin gewesen und hatte ihm ein geheimnisvolles Buch voller magischer Geheimnisse hinterlassen? Was hatte sein Vater gewusst?

Und wenn der ihm nie auch nur irgendetwas davon erzählt hatte, was gab es dann noch zu entdecken? Welche Geheimnisse hatten sein Vater und seine Mutter noch gehabt?

Ihm schwirrte der Kopf. War seine Mutter vielleicht gar nicht tot?

Inspektor Zinnkrug lachte in sich hinein. »Ich bin mir übrigens ziemlich sicher, dass den Bunns dieses Haus gar nicht gehört. Es gehörte der Familie deiner Mutter. Sie haben nur die

Situation ausgenutzt, haben es sich unter den Nagel gerissen, als dein Vater verschwunden ist, das nehme ich zumindest an. Du warst zu klein damals. Die Bunns wären damit durchgekommen, wenn nicht Miss Squerr und ihre Abteilung diesen Dingen nachgehen würden.« Er schaute auf die Uhr und stand auf. »Die Pflicht ruft.«

Seth konnte die beiden nur abwechselnd anstarren. »Das Hotel gehört mir?« Angelique nickte.

»Hast du vielleicht mal in Betracht gezogen, es selbst mit ein bisschen Magie zu versuchen, Seth?«, fragte sie und hüstelte dezent.

Das war nun vollends zu viel. Seth konnte nur wortlos den Kopf schütteln. Er starrte sie mit offenem Mund an.

»Es ist nur – weißt du, besteht die Möglichkeit, dass du vielleicht mal einen kleinen Zauberspruch ausprobierst? Es braucht nur einen Funken Magie, das weißt du. Du könntest ja dein Glück versuchen, dich zum Auswahlverfahren anmelden und ganz offiziell der magischen Welt beitreten.«

Ein großer Teil von Seth wollte das glauben. »Ich habe noch nie gezaubert. Man würde mich doch nur als einen weiteren Spinner abtun, der sich in die magische Welt einschleichen will«, flüsterte er atemlos. »Außerdem, wüsste ich das nicht schon längst? Inspektor Zinnkrug hat gesagt, dass es schwierig und gefährlich ist, magisches Können zu erlangen. Ich wüsste gar nicht ...«

»Aber nicht für alle, Seth«, unterbrach Angelique ihn. »Magie ist so viel komplexer. Oh, es ist so schwierig zu erklären. Magie kommt auf verschiedene Weise zu verschiedenen Menschen und manchmal auch gar nicht, obwohl man es sich wirklich, wirklich wünscht. Ich hatte Glück, ich komme aus einer magischen Familie und habe starke magische Kräfte geerbt. Solange du nicht den Mut hast, es zu versuchen, wirst du nicht wissen, ob du magische Kräfte hast. Vielleicht sind sie so stark wie meine. Aber du wirst daran arbeiten müssen.«

»Oder du bist wie Miss Trottelbohne und hast gar nichts geerbt«, warf Inspektor Zinnkrug ein. Er stand schon an der Tür.

Seth dachte an das Opfer, das Dr. Thallomius gebracht hatte, an seinen Kampf, um die magische Welt zu erhalten. Wie er Bewerbern eine Chance geben und sie fördern wollte, und wie wichtig es ihm war, die Magie für das Gute einzusetzen.

Dr. Thallomius hatte wirklich geglaubt, dass man nur einen Funken Magie brauchte – und Zugriff auf die geheime Bibliothek des Elysiums –, um zu lernen und immer weiter zu lernen.

Wenn Angelique dachte, dass er eine Chance hatte, Teil der magischen Gemeinschaft zu werden, dann wollte er es versuchen. Er würde einen Weg finden. Er würde einen Weg finden, ein Magier zu sein!

Eine Sache aber hielt ihn zurück. Wenn sie recht hatten mit seiner Mutter – hieß das, dass er zur schwarzen Magie bestimmt war? Schließlich hatte er diese besondere Verbindung zu dem schwarzen Buch.

Er gelobte sich hier und jetzt, dass er seine magischen Kräften – sollte er sie tatsächlich besitzen – nie so einsetzen würde, dass Menschen sterben müssten.

Seth folgte Inspektor Zinnkrug und Angelique hinaus vor den Hoteleingang. Er hatte gedacht, dass ihm der Abschied schwerfallen würde. Aber jetzt hatte er eine Aufgabe. Er würde sich an etwas viel Aufregenderes als Rezepten versuchen. Er würde sich an Magie versuchen!

»Vergiss nicht, Seth, Mr Bunn hat ziemlich gute magische Lehrbücher für Anfänger«, schärfte Angelique ihm ein. »Versuch es, vielleicht gehörst du zu denen, die Glück haben, und es fällt dir gar nicht so schwer.« Sie zögerte. »Aber keine Zaubersprüche aus dem kleinen schwarzen Buch, ja? Es stehen viele drin, für einen Anfänger ist es allerdings schwierig, die guten zu erkennen.« Sie nickte. »Leb wohl, Seth.«

Inspektor Zinnkrug und Angelique traten in einen Lichtstrahl, ihr Teleport weg vom Hotel *Zur letzten Chance*.

»Wenn du mir versprichst, deine magischen Kräfte auszuprobieren, dann komme ich in ein paar Wochen zurück und sehe nach dir«, rief der Inspektor.

»Das werde ich!«, rief Seth. Aber würden ein paar Wochen ausreichen? Alle sagten doch immer, wie schwierig Magie war. Doch bei jedem war es anders. Er konnte noch immer nicht glauben, dass seine Mutter magische Kräfte gehabt hatte, und erst recht nicht, dass er sie vielleicht geerbt hatte.

Mehr als je zuvor wünschte er sich, dass seine Eltern bei ihm wären. Wie sollte er überhaupt anfangen? Auch nur versuchen, wie seine Mutter zu sein und zu zaubern? Er streckte die Hand aus und wackelte mit den Fingern in der Hoffnung, dass sie funkeln würden wie Angeliques Spazierstock.

Ihm war leichter ums Herz, weil er wusste, dass er Inspektor Zinnkrug wiedersehen würde. Und er war voller Freude, weil es auf dieser Welt Magie gab und weil das vielleicht auch ihn betraf. Er brannte darauf, es zu versuchen, noch während er dastand und Inspektor Zinnkrug und Angelique zum Abschied winkte.

Danksagung

Um ein Buch zu veröffentlichen, muss man einen langen Weg gehen. Dazu gehören harte Arbeit, hier und da eine Eingebung und mehr als eine Prise Glück. Worauf es aber wirklich ankommt, sind die Freundschaften, die man unterwegs schließt.

Ich habe das Glück, vielen Leuten danken zu können, die zu diesem Buch beigetragen haben. Nicht zuletzt das Wohlwollen und die Unterstützung meiner ganzen Familie und all meiner Freunde.

Ein riesiger Dank geht an Sally Poynton und Jo Wyton, grandiose Schriftsteller, Kollegen und wunderbare Freunde. An den übrigen Teil meiner außergewöhnlichen SCBWI Oxford Kritiker-Gruppe. Wir übernehmen allmählich die Weltherrschaft. An alle, die ich durch die inspirierende *Golden Egg Academy* kennengelernt habe, und an das Team von *Book-Bound* – ihr habt genau zum richtigen Zeitpunkt so viel bewirkt. An die geduldigen Leser des ersten Entwurfs, insbesondere Elspeth Greig, Sandra Simpson, Alex und Tim Thornton.

Ich schulde der Jury von *The Times / Chicken House Children's Fiction Competition* großen Dank dafür, dass sie mein Buch ausgewählt haben! Und dem ganzen Team von Chicken House, die mein Buch so meisterhaft begleitet haben. Mein Buch hätte kein besseres Zuhause finden können – voller Inspiration, Freundlichkeit, Unterstützung.

Dank an Matt Saunders, Illustrator *extraordinaire*, der dieses Buch zu etwas so Schönem gemacht hat. Ich habe wirklich *extraordinaire* viel Glück.

Mein Dank geht an die Liga der Superhelden, d.h. an die Oxfordshire Schulbibliothekare – insbesondere an Barbara Hickford und Donna Pocock-Bell, die mir Unterstützung und Freundschaft geschenkt haben und die Kinder zum Lesen bringen, unermüdlich und tagtäglich.

Und an die vielen Menschen, die ich durch *Mostly Books* kenne und die mir das Gefühl gegeben haben, ein Rockstar zu sein, als ich den Wettbewerb gewonnen hatte. Und an die besten Buchhändler der Welt: Julia Burrows, Sarah Dennis, Catherine Dix, Imogen Hargreaves, Karen Nicholls und Jenna Washington. Nicht zu vergessen Graham Jones und andere wunderbare Menschen aus dem Handel, mit denen es ein Vergnügen war zusammenzuarbeiten. Wie ihr für dieses Buch eingetreten seid, ist unglaublich.

Und zu guter Letzt – ohne meinen wunderbaren Ehemann Mark, der mich den ganzen Weg begleitet hat, wäre das alles nie möglich gewesen. Ohne dich hätte ich es nicht geschafft.

DER ZWEITE FALL FÜR SETH, NACHTSCHATTEN UND CO.!

Nicki Thornton
HOTEL DER MAGIER 2: LEUCHTTURM DER GEISTER
Hardcover
336 Seiten
ISBN 978-3-551-52124-8
Auch als E-Book erhältlich

ZAUBEREI IST FÜR DEN KÜCHENJUNGEN SETH alles andere als ein Zuckerschlecken. Dass seine Mutter eine mächtige Magierin war, muss er eigentlich erst mal verdauen. Doch kaum hat er den Fall im Hotel »Zur letzten Chance« gelöst, kommt Inspektor Zinnkrug schon mit dem nächsten Abenteuer um die Ecke, das geradewegs in den gespenstischen Leuchtturm »Schlangenmaul« führt. Die Inhaberin wurde ermordet – und Seth muss mithilfe seiner Katze Nachtschatten nicht nur seine neu entdeckten Kräfte unter Beweis stellen, sondern einen bösen Zauberer entlarven, bevor es zu spät ist.

WWW.CARLSEN.DE

CARLSEN